Das antike Rom

Eine fesselnde Einführung in die römische Republik, den Aufstieg und Fall des Römischen Reichs und das Byzantinische Reich

© Copyright 2020

Alle Rechte vorbehalten. Kein Teil dieses Buches darf in irgendeiner Form ohne schriftliche Genehmigung des Autors reproduziert werden. Rezensenten dürfen in Besprechungen kurze Textpassagen zitieren.

Haftungsausschluss: Kein Teil dieser Publikation darf ohne die schriftliche Erlaubnis des Verlags reproduziert oder in irgendeiner Form übertragen werden, sei es auf mechanischem oder elektronischem Wege, einschließlich Fotokopie oder Tonaufnahme oder in einem Informationsspeicher oder Datenspeicher oder durch E-Mail.

Obwohl alle Anstrengungen unternommen wurden, die in diesem Werk enthaltenen Informationen zu verifizieren, übernehmen weder der Autor noch der Verlag Verantwortung für etwaige Fehler, Auslassungen oder gegenteilige Auslegungen des Themas.

Dieses Buch dient der Unterhaltung. Die geäußerte Meinung ist ausschließlich die des Autors und sollte nicht als Ausdruck von fachlicher Anweisung oder Anordnung verstanden werden. Der Leser / die Leserin ist selbst für seine / ihre Handlungen verantwortlich.

Die Einhaltung aller anwendbaren Gesetze und Regelungen, einschließlich internationaler, Bundes-, Staats- und lokaler Rechtsprechung, die Geschäftspraktiken, Werbung und alle übrigen Aspekte des Geschäftsbetriebs in den USA, Kanada, dem Vereinigten Königreich regeln oder jeglicher anderer Jurisdiktion obliegt ausschließlich dem Käufer oder Leser.

Weder der Autor noch der Verlag übernimmt Verantwortung oder Haftung oder sonst etwas im Namen des Käufers oder Lesers dieser Materialien. Jegliche Kränkung einer Einzelperson oder Organisation ist unbeabsichtigt.

Inhaltsverzeichnis

EINFÜHRUNG 1
KAPITEL 1 – DIE SIEBEN KÖNIGE DER SIEBEN HÜGEL: DIE
GRÜNDUNG ROMS UND SEINE ERSTEN HERRSCHER 4
    DER GRÜNDUNGSMYTHOS 4
    DIE ERSTEN RÖMER 6
KAPITEL 2 – DIE FRÜHE REPUBLIK: GANZ ITALIEN IST RÖMISCH 8
    DIE PATRIZIER, DIE PLEBEJER UND DIE STÄNDEKÄMPFE 9
    MILITÄRISCHE EXPANSION WÄHREND DER FRÜHEN REPUBLIK: DIE EINNAHME
    ITALIENS 10
KAPITEL 3 – DIE PUNISCHEN KRIEGE UND DIE VORHERRSCHAFT IM
MITTELMEERRAUM: DIE MITTLERE REPUBLIK 12
    DER ERSTE PUNISCHE KRIEG 13
    DER ZWEITE PUNISCHE KRIEG UND DER ERSTE RÖMISCHE MILITÄRISCHE STAR:
    SCIPIO AFRICANUS 14
KAPITEL 4 – NIEDERGANG, KORRUPTION UND BÜRGERKRIEGE: DIE
SPÄTE REPUBLIK 16
    DIE MÄRTYRER SOZIALER GERECHTIGKEIT: DIE BRÜDER GRACCHUS 17
    MARIUS, DER NEUE MANN, UND SULLA 18
    DIE TRIUMVIRI: POMPEIUS, CRASSUS UND CÄSAR 18
    CICERO GEGEN CATILINA 19
KAPITEL 5 – GAIUS JULIUS CÄSAR, DIE ÜBERQUERUNG DES
RUBIKON UND EIN TOD, DER DIE STADT ERSCHÜTTERTE 21
    CÄSAR UND KLEOPATRA 22

DER GELIEBTE DIKTATOR 23
CÄSARS TOD..24

KAPITEL 6 – DER AUFSTIEG DES ERSTEN RÖMISCHEN KAISERS........26
DAS ZWEITE TRIUMVIRAT...27
ANTONIUS' MISSION IM OSTEN 29
OKTAVIAN HAT DAS LETZTE WORT 30

KAPITEL 7 – DAS FRÜHE RÖMISCHE REICH: PRINCEPS AUGUSTUS UND DIE JULISCH-CLAUDISCHE DYNASTIE 32
DAS ZEITALTER DES AUGUSTUS..32
TIBERIUS' LEBEN UND REGENTSCHAFT..35
CALIGULA 36
CLAUDIUS...37
NERO 37

KAPITEL 8 – DIE FLAVISCHE DYNASTIE 40
VESPASIAN 40
TITUS...41
DOMITIAN 42

KAPITEL 9 – DIE NERVISCH-ANTONINISCHE DYNASTIE 44
NERVA..44
TRAJAN 45
HADRIAN..48
ANTONINUS PIUS 49
MARCUS AURELIUS 50
COMMODUS...50

KAPITEL 10 – DAS SPÄTE REICH 52
DIOKLETIAN UND DIE TETRARCHIE..52
DAS ENDE DER TETRARCHIE 54
KONSTANTIN ÜBERNIMMT DEN WESTEN..54
...UND DEN OSTEN 55

KAPITEL 11 – DAS REICH KONSTANTINS 57
DIE ERSTEN HÄRETIKER: DIE ARIANER...58
DER BAU VON KONSTANTINOPEL (DAS NEUE ROM) 59
DIE LETZTEN JAHRE KONSTANTINS DES GROSSEN: EIN DUNKLES GEHEIMNIS, TAUFE UND TOD...60

KAPITEL 12 - DIE KONSTANTINISCHE DYNASTIE 62
Konstantins Söhne 62
Julian der Apostat 63
Die Restauration der griechisch-römischen Kultur: Julians vergebliche Träume 64

KAPITEL 13 - NIEDERGANG UND FALL DES WESTRÖMISCHEN REICHS 67
Valentinian, Valens und Gratian 67
Theodosius 68
Die Einzigartigkeit des Christentums 69
Die Plünderung Roms 69
Die furchterregenden Hunnen 70
Widerstand gegen Einfluss der Barbaren 70
Der Westen fällt, der Osten besteht weiter 71

KAPITEL 14 - DAS BYZANTINISCHE JAHRTAUSEND 73
Justinian und Theodora 74
Ein Gott im Himmel, ein Kaiser auf Erden 75
Die Kreuzzüge 76
Die Osmanen 77

ZEITTAFEL DER RÖMISCHEN GESCHICHTE 79
Antike Geschichte: Die römische Republik 79
Das frühe Reich 80
Das späte Reich 83
Das Byzantinische Reich 85

FUSSNOTEN 88

Einführung

Die römische Zivilisation ist vielleicht die mit Abstand wichtigste Zivilisation in der Geschichte des Planeten. Ihre Ausdehnung hat Europa definiert. Ihre Verfassung formte Gesellschaften von Russland im Osten bis zu den Vereinigten Staaten und Lateinamerika im Westen. Nicht einmal ihre Eroberer waren gegen die überlegene römische Kultur immun. Als die ottomanischen Türken am Beginn des modernen Zeitalters Konstantinopel eroberten, fühlten sie sich von seiner reichen Tradition gefangen genommen. Ihre eigene Gesellschaft entwickelte sich auf römischen Schwingen. Das römische Recht und die römische Politik sollten später die Verfassung der Vereinigten Staaten beeinflussen und schließlich sind auch die Europäische Union und die NATO Nachkommen der römischen Herrschaft.

In diesem neuen, fesselnden Geschichtsbuch erfahren Sie alles, was Sie über römische Institutionen und römische Politik wissen müssen. Im Mittelpunkt stehen jedoch die bemerkenswerten Persönlichkeiten der römischen Kaiser, Politiker und Generäle—von Romulus, Cäsar, Augustus, Trajan und Hadrian bis zu Konstantin, Justinian und Belisar. Ebenso wichtig (und vielleicht sogar noch interessanter) sind die Geschichten einflussreicher Frauen—Mütter,

Ehefrauen und Geliebte—von Kleopatra und Agrippina bis Theodora, deren Intrigen oftmals den Lauf der Geschichte veränderten.

Im Gegensatz zu anderen antiken Gesellschaften erstreckt sich das antike Rom über Jahrtausende—von seiner Gründung im achten Jahrhundert vor Christus bis zum Fall von Konstantinopel im Jahr 1453. Seine Geschichte verläuft nicht gleichmäßig und die römischen Verfassungen entwickelten sich ständig weiter.

Wir können die lange Zeitleiste der römischen Geschichte in vier Hauptphasen unterteilen. Die erste, das römische Königreich, beginnt mit der mythischen Gründung der Stadt und ihrem ersten König, Romulus, und endet mit dem Mord am letzten König, Tarquinius dem Stolzen, im sechsten Jahrhundert vor Christus.

Die zweite Phase besteht aus der bemerkenswerten römischen Republik, dieser herausragenden Ära, aus der die Gracchen, Julius Cäsar und Cicero stammen. Diese Zeit war durch hochentwickelte politische Verfassungen und Vorstellungen von Bürgerschaft und Bürgerrechten gekennzeichnet, aber dennoch zerbrach sie—wie Sie bald erfahren werden—von innen durch Korruption und zahlreiche Affären. Diese Geschichten werden Sie an gegenwärtige politische Intrigen, skandalöses Verhalten mächtiger Individuen, Populismus und gelegentliche Morde erinnern. Die alten Römer pflegten sich gegenseitig viel zu häufig umzubringen, hatten jedoch immer überzeugende Erklärungen parat. Das Öffentliche und das Private vermischten sich und politische Gegner mächtiger Männer wurden oft als Verfassungsfeinde dargestellt.

Die Römer pflegten oft und viel zu schreiben—und nicht nur jene Römer, deren Beruf das Schreiben war, wie Dichter und Historiker. Politische Führer wie Julius Cäsar und Marc Aurel schrieben täglich an ihren Memoiren. Dank der Fülle schriftlicher Quellen bekommen wir eine klare Vorstellung von ihren Motiven und ehrgeizigen Bestrebungen und können die Wahrheit über die kontroversesten Ereignisse der Geschichte herausfinden, einschließlich jener, die mit Verrätern, Mördern und spionierenden Geliebten zu tun haben.

Die letzten beiden Phasen der römischen Geschichte fallen beide unter den Begriff „Reich" im Sinne von Imperium. Das augusteische Reich oder Prinzipat verfügte über eine Verfassung, die die Institutionen der Republik bewahrte und die Kaiser waren formal gesehen „Erste unter Gleichen". Diese Phase beginnt mit Oktavian (Augustus) und endet mit einer Reihe unbedeutender Kaiser, die durch den Mord an ihren Vorgängern auf den Thron kamen, von ihren Nachfolgern umgebracht wurden und von den zunehmend einflussreicher werdenden „Barbarenführern" kontrolliert wurden.

Die letzte Phase ist—obwohl sie uns zeitlich am nächsten liegt—die unbekannteste und sie ist für die „westliche Welt verloren".[i] Sie wird als „Dominat" bezeichnet und beginnt mit Diokletian, der die Verwaltung des riesigen Reichs teilte und reformierte. Zwei einschneidende Veränderungen fanden in dieser Zeit statt. Konstantin der Große verlegte die Hauptstadt in den Osten und in Folge dessen wurde das Christentum die offizielle Religion des Reichs.

Wie wir sehen werden, fanden die größten und weitreichendsten Revolutionen in der Geschichte der westlichen Zivilisation zuerst in der römischen Welt statt.

Kapitel 1 – Die sieben Könige der sieben Hügel: die Gründung Roms und seine ersten Herrscher

Die Geschichte des antiken Roms beginnt in einer schattenhaften Periode zwischen Mythos und Geschichte. Die Gründungslegende ist nicht sehr erfreulich und schließt eine Handvoll wenig heldenhafter Elemente wie Mord und Vergewaltigung ein. Ihre Protagonisten gehören zum Bodensatz der Gesellschaft, sie waren Mörder, Prostituierte und Gesetzlose aller Art, die zuvor aus ihren Heimatstädten verbannt worden waren.[ii]

Der Gründungsmythos

Die Geschichte beginnt in dem kleinen Königreich Alba Longa auf der italienischen Halbinsel. Ein übler Usurpator namens Amulius hatte seinen Bruder, König Numitor, vom Thron gestoßen und dessen Tochter, Rhea Silvia, gezwungen, eine jungfräuliche Vestalin zu werden, so dass Numitor niemals einen legitimen Erben haben würde. Aber sein Plan funktionierte nicht und die Priesterin wurde schon bald durch den ätherischen Phallus des Gottes Mars schwanger, der dem heiligen Feuer entstieg.[iii] Das war ihre Version der

Geschichte, die schon die ersten römischen Historiker mit Vorsicht aufnahmen, sie aber dennoch weitererzählten.

Rhea Silvia gebar Zwillinge, Romulus und Remus. Amulius ordnete unverzüglich an, die sagenumwobenen Zwillinge in den Tiber zu werfen, aber seine Diener ließen die Babys am Ufer zurück. Eine *Lupa* (das lateinische Wort für eine Wölfin oder ein umgangssprachlicher Ausdruck für eine Prostituierte) rettete sie vor dem Hungertod und ein Schafhirt nahm sie mit nach Hause.

Die kapitolinische Wölfin, eine Ikone Roms.[iv]

Die Jungen wuchsen auf, trafen ihren Großvater Numitor und halfen ihm, den Thron von Alba Longa zurückzugewinnen. Dann zogen sie weiter, um ihre eigene Stadt zu gründen. Es stellte sich heraus, dass sie kein gutes Team waren. Die Brüder stritten sich um den Standort der zukünftigen Stadt. Remus sprang frech über die Verteidigungsanlagen, die Romulus rund um den Palatin, einen der berühmten sieben Hügel Roms, errichtet hatte. Wütend tötete Romulus den respektlosen Bruder und machte allein weiter.[v]

Die ersten Römer

Romulus, begleitet von einer Handvoll Freunden und Anhängern, gelang es, die Stadt zu erbauen und nun benötigte sie eine Bevölkerung. Der erste König von Rom erklärte die Stadt zum Asyl. Die ersten Bürger waren Gesetzlose und Entflohene von der ganzen Halbinsel und darüber hinaus. Eine ausschließlich aus Männern bestehende Bevölkerung würde jedoch keine allzu vielversprechende Zukunft haben und so entwarf Romulus einen neuen schlauen Plan und lud die benachbarten Völker, die Sabiner und die Latiner, zu einem Fest ein. In der Mitte des Festes nahmen Romulus' Männer die Mädchen und jungen Frauen der Gäste gefangen und nahmen sie als ihre Ehefrauen mit.

Ein paar Jahre später kamen die Sabiner, um sich zu rächen und ihre Töchter und Schwestern zu retten, aber sie entdeckten, dass die Frauen jetzt glückliche Ehefrauen und Mütter waren. Sie beendeten die Plänkelei und aus Rom wurde eine gemeinsame römisch-sabinische Stadt, die von Romulus und dem sabinischen König Titus Tatius regiert wurde.

Tatius wurde während eines Aufstandes ermordet und ein paar Jahre später verschwand Romulus während eines Sturms. Er verwandelte sich entweder in den Gott Quirinus und stieg in den Himmel auf oder wurde von seinen politischen Gegnern ermordet.[vi]

Der zweite König Roms war ein Sabiner namens Numa Pompilius, der religiöse Traditionen wie die vestalischen Jungfrauen etablierte, den Titel *Pontifex* einführte und den zwölfmonatigen Kalender schuf. Tullus Hostilius folgte ihm. Sein Nachname war wohlverdient, da er ein berüchtigter Krieger war, der nahegelegene Städte eroberte und zerstörte, darunter auch das legendäre Alba Longa. Die Reihe der Könige setzte sich fort mit Ancus Marcius, Tarquinius Priscus („Tarquinius der Ältere"), Servius Tullius („der weiseste, glücklichste und beste aller römischen Könige"[vii]) und Lucius Tarquinius Superbus („Tarquinius der Arrogante" oder „Tarquinius der Stolze"). Dieser Tarquinius war als gnadenloser Tyrann bekannt und verantwortlich für den Mord an seinem Vorgänger. Er herrschte durch Furcht, bis das römische Volk ihn stürzte, um im sechsten Jahrhundert v. Chr. die „freie Republik von Rom" zu gründen.

Kapitel 2 – Die frühe Republik: Ganz Italien ist römisch

Niemand weiß genau, wann und wie die *Res Publica* (die Republik) wirklich ihren Anfang nahm. Antike Historiker wie Livius präsentieren eine stringente Erzählung dessen, was vermutlich ein rechtes Chaos war. Sie liebten es, sich vorzustellen, dass ihre traditionellen Institutionen viel weiter zurückreichten, als sie es wirklich taten.[viii]

Eine Republik unterscheidet sich grundlegend von einer Monarchie und diese völlig andere Regierungsform konnte nicht über Nacht errichtet werden. Roms charakteristische Institutionen nahmen irgendwann im fünften oder vierten Jahrhundert v. Chr. Gestalt an. Die Römer skizzierten die zugrunde liegenden Prinzipien republikanischer Politik Stück für Stück. Sie definierten, „was es bedeutete, Römer zu sein", sowie ihre Vorstellungen von Bürgerschaft und Bürgerrechten.[ix]

Die Patrizier, die Plebejer und die Ständekämpfe

Diese beiden Jahrhunderte waren nicht von friedlichem Wohlstand geprägt. Nach der Eliminierung von Tarquinius Superbus gelangte die Macht in die Hände einer kleinen Zahl aristokratischer Familien, die gemeinsam als Patrizier bekannt waren.[x] Nur den Mitgliedern patrizischer Familien war es erlaubt, religiöse oder politische Ämter zu bekleiden oder zu Konsuln gewählt zu werden. Die Patrizier waren reich und einflussreich, aber die Plebejer waren in der großen Mehrheit. Während der Zeit von 494 bis 287 v. Chr. protestierten Roms unterprivilegierte Bürger und forderten die patrizische Vorherrschaft heraus.[xi]

Zu den Plebejern gehörten nicht nur arme Bewohner Roms. Einige von ihnen waren genauso reich wie Patrizier und sie forderten den gleichen Anteil an politischer Macht. Die Mehrheit der Römer unterstützte sie und hoffte, dass eine Veränderung zum Erlass ihrer Schulden führen würde. Im Jahr 494 v. Chr. benötigten die Konsuln die Armee, aber die Soldaten, die alle Plebejer waren, weigerten sich zu kommen. Dieses Ereignis ist als der erste Auszug der Plebejer bekannt. Die Patrizier waren gezwungen, den Plebejern das Recht zuzugestehen, das Concilium Plebis einzuberufen, einer Versammlung, in der sie ihre eigenen Vertreter, die Tribunen, wählen konnten, um ihre Rechte zu schützen. Wenige Jahre später wurde das erste geschriebene Gesetz, das Zwölftafelgesetz, verfasst. Der Fortschritt war graduell und weitere Gesetze wurden in den nächsten Jahrzehnten in Kraft gesetzt. Schließlich bekamen reiche Plebejer die gleichen Rechte wie Patrizier. Die Armen verfügten immer noch nicht über Grundrechte und bis zum Ende des dritten Jahrhunderts fanden zwei weitere Auszüge der Plebejer statt.

Die Patrizier mussten die plebejischen Rechte, Institutionen und Organisationen anerkennen. Aber dies war lediglich die Oberfläche. Die Tribunen machten nur selten von ihrem Vetorecht Gebrauch, um die Interessen der Armen zu schützen. Sie selbst waren reich und ihre Interessen waren die gleichen wie die der Patrizier. Dennoch: Die Institutionen der Republik hatten Gestalt angenommen und damit entstand auch ein empfindliches Gleichgewicht der Kräfte. Die römische Republik entwickelte sich zur Gänze während der nächsten zwei Jahrhunderte.

Militärische Expansion während der frühen Republik: die Einnahme Italiens

Die Auszüge der Plebejer waren so wirkungsvoll, weil sich Rom in dieser Zeit fast fortwährend im Kriegszustand befand und die römische Armee gegen benachbarte Völker in Italien kämpfte. Der erste Krieg war ein Defensivkrieg. Tarquinius Superbus versuchte, den römischen Thron zurückzuerlangen. Er versammelte die etruskische Armee und griff Rom und andere Städte an, bis diese sich im Latinerbund vereinten und die aggressiven Etrusker vertrieben. Am Ende wurden alle latinischen Städte Teil des römischen Bündnissystems. Sogar die Etrusker benötigten Roms Hilfe, als ein weiterer expansionistischer Feind auftauchte: die Gallier.

Die gallischen Kelten hatten die römische Armee bereits einmal besiegt. Diese Niederlage war ausschlaggebend für Roms Wachstum. Trotz des beträchtlichen Schadens gelang es den Römern, ihre Armee und ihre Wirtschaft zu konsolidieren und massive Stadtmauern zu errichten, um eine Erstürmung der Stadt zu verhindern.[xii] Schließlich gelang es Rom, sowohl die Etrusker (die erneut angriffen) und die Gallier zu besiegen. Als nächstes waren die Samniten, die Kampanier und die Städte des Latinerbundes an der Reihe, der vor nicht allzu langer Zeit mit Hilfe Roms ins Leben gerufen worden war. Den Römern gelang es, einen Stamm gegen den anderen aufzuwiegeln („teile und herrsche"), den Bund auseinanderzureißen und die Städte zu den ersten römischen Kolonien zu machen.

Die Römer gewannen nach und nach die Kontrolle über den größten Teil Italiens. Der letzte Schritt war die Eroberung der griechischen Kolonien in Süditalien, die unter dem Namen Magna Graecia („Großes Griechenland") bekannt waren. Die reichste und einflußreichste griechische Kolonie war Tarent. Die Tarentiner waren so reich, dass es ihnen gelang, den besten griechischen General ihrer Tage, König Pyrrhos von Epirus, zu verpflichten. Seine Armee umfasste 25.000 Männer und 20 Kriegselefanten, die dem ägyptischen Herrscher Ptolemaios II. gehörten. Pyrrhos errang einige Siege, aber die Römer erwiesen sich als sehr widerstandsfähig. Im Verlauf der ersten Hälfte des dritten Jahrhunderts v. Chr. waren alle griechischen Städte gezwungen, sich dem römischen Bündnissystem anzuschließen und Bundesgenossen (sogenannte *socii*) zu werden. Während die latinischen Städte gezwungen waren, Truppen zu stellen, mussten die griechischen Städte Schiffe für die römische Armee stellen. Die ganze Halbinsel wurde römisch und das war erst der Beginn der römischen Expansion.

Kapitel 3 – Die Punischen Kriege und die Vorherrschaft im Mittelmeerraum: die mittlere Republik

Jetzt, da die römische Republik erfolgreich ihre internen Spannungen überwunden und die Gegenwehr auf der Halbinsel ausgeschaltet hatte, begann sie zu wachsen. Im Verlauf der nächsten eineinhalb Jahrhunderte schwang sich Rom auf, eine wahre Supermacht im Mittelmeerraum zu werden. Das bedeutete, dass man neue Feinde bekämpfen musste, einschließlich der mächtigen phönizischen Stadt Karthago in Nordafrika.

Karthago war um 800 v. Chr. von den Phöniziern gegründet worden, die sich auf den Seehandel spezialisiert hatten. Die Stadt lag an einem ausgezeichneten Naturhafen, der heute zur Stadt Tunis gehört. Karthago beherrschte den gesamten Handel des westlichen Mittelmeerraumes und war, wenn wir Polybios Glauben schenken, „die reichste Stadt der Welt". Das Reich umspannte zu jener Zeit Nordafrika, Spanien, Sardinien und Sizilien. Seine Armee bestand aus zahlreichen Söldnern und einer außerordentlich gut ausgerüsteten und wirkungsvollen Flotte. Karthago hatte den westlichen

Mittelmeerraum über Jahre hinweg in der Hand, aber die Römer erstarkten und ein Konflikt war unausweichlich.

Der Erste Punische Krieg

Die beiden Mächte kamen gut miteinander aus, solange Rom sich gegen Pyrrhos' Angriffe wehrte. Nachdem er jedoch besiegt worden war, stand Rom stärker als zuvor da und erweiterte seine Aktivitäten Richtung Sizilien, das immer noch unter der Kontrolle Karthagos stand. Im Jahr 264 v. Chr. schloss Rom ein Bündnis mit den syrakusischen Griechen gegen Karthago und der Erste Punische Krieg begann.

Karthago hatte die Syrakuser und andere Griechen jahrhundertelang bekämpft, um die Vorherrschaft zu erringen. Aber dann eroberte ein Trupp italischer Söldner, die sich die *Söhne des Mars (mamertines)* nannten, die sizilianische Stadt Messina und griff sowohl karthagisches als auch syrakusisches Territorium an. Die Angriffe begannen im Jahr 288 v. Chr. und 265 v. Chr. baten rivalisierende Interessengruppen innerhalb von Messina Rom und Karthago um Hilfe. Karthago schickte eine Flotte, aber eine römische Armee traf auf Sizilien ein und zwang den karthagischen Befehlshaber, die Stadt zu übergeben. Syrakus verbündete sich mit Rom gegen Karthago und der Erste Punische Krieg begann im Jahr 264 v. Chr.

Die Römer hatten Schwierigkeiten, das karthagische Territorium auf Sizilien von Land aus zu erreichen, während die hervorragende Flotte Karthagos eine Reihe von Angriffen auf die italische Küste unternahm. Es war eine verzwickte Situation. Rom verfügte über genug Ressourcen und entschied, dass es jetzt nötig war, seine eigene Flotte zu bauen. Die griechischen Bundesgenossen wussten, wie man Schiffe und Quinquereme (Fünfruderer) einsetzte und der erste Flotteneinsatz gegen die Karthager erwies sich als Erfolg.

Wenige Jahre später schickten die Römer—die praktisch über Nacht zu einer ernstzunehmenden Seemacht wurden—eine Armee nach Afrika, um Karthago anzugreifen. Das Ergebnis war katastrophal, aber Rom war zäh und in der Lage, in kurzer Zeit eine neue Flotte zu bauen. Der Krieg endete 241 v. Chr. mit Rom als unangefochtenem Sieger. Karthago war militärisch und ökonomisch verwüstet und zur Zahlung hoher Reparationskosten gezwungen. Die römische Republik dagegen hatte ihre Machtstellung zusätzlich bestätigt.

Der Zweite Punische Krieg und der erste römische militärische Star: Scipio Africanus

Der Zweite Punische Krieg begann 218 v. Chr, als beide Seiten konfligierende Interessen in Spanien verfolgten. Die karthagischen Streitkräfte wurden von dem brillanten General Hannibal angeführt, einem der herausragenden militärischen Genies der Antike, „immer der Erste beim Angriff und der Letzte auf dem Schlachtfeld".[xiii]

Die Römer bereiteten eine Invasion karthagischen Besitzes sowohl in Spanien als auch in Nordafrika vor. Zur gleichen Zeit marschierte Hannibal auf die Alpen zu, um in Italien einzufallen. Er hatte die meisten seiner Männer und Elefanten verloren, aber die cisalpinen Gallier schlossen sich ihm an. Im Jahr 218 v. Chr. gelang es ihm, Italien zu erreichen und er gewann während der nächsten Jahre viele Schlachten, darunter auch die Schlacht von Cannae. Hannibal führte außerdem einen Propagandakrieg und stilisierte sich als Befreier der römischen Bundesgenossen, indem er erklärte, dass diese nicht länger gezwungen seien, Rom Truppen zu stellen oder Steuern an das römische Steuerwesen zu zahlen. Die republikanische Armee verlor über 70.000 Mann und mehrere Konsuln (Konsuln führten zu der Zeit die römische Armee).

Rom musste schnell seine Taktik ändern. Einige erfahrene Militärführer wurden wieder eingesetzt, anstatt jedes Jahr neue Magistrate zu wählen. Dank Fabius Maximus Cunctator („der Zögerer") und Marcus Claudius Marcellus, die schon bald als „der Schild und das Schwert Roms" bekannt wurden, erholte sich Rom.

Aber der Krieg wütete auch an anderen Fronten und die beiden römischen Generäle, die die Armee in Spanien führten —die Brüder Publius und Gnaeus Cornelius Scipio—fielen im Kampf. Dann ereignete sich etwas in der römischen Geschichte noch nie Dagewesenes: Publius' 24-jähriger Sohn, der ebenfalls den Namen Publius Cornelius Scipio trug, wurde Oberkommandierender der Armee. Er war zu jung und unerfahren, um sich auf eine solch verantwortungsvolle Stellung zu bewerben, aber da war er—mutig, wirkungsvoll und beliebt. Der junge Scipio strukturierte die Truppen in Spanien um, führte neue Waffen ein und reorganisierte die römische Legion. Bis 205 v. Chr. hatten Scipio und seine Männer die karthagischen Streitkräfte aus Spanien vertrieben. Im Jahr 202 v. Chr. besiegte Scipio, mittlerweile als römischer Konsul, die Karthager auf ihrem heimischen Territorium in Nordafrika und nahm den Namen Africanus an.

Scipio brannte Karthago nicht nieder. Das geschah durch seinen adoptierten Enkel, Publius Cornelius Scipio Aemilianus, einige Jahrzehnte später, der durch die aggressive Kampagne einiger älterer Senatoren aufgestachelt worden war, die forderten: „Carthago delenda est" („Karthago muss zerstört werden").

Kapitel 4 – Niedergang, Korruption und Bürgerkriege: die späte Republik

Das politische Gebaren der römischen Republik hatte eine lupenreine Fassade mit seinen weißen Togen, erlesener Rhetorik, fortschrittlichen Institutionen und einem edlen Empfinden für Tugend und Gerechtigkeit. Aber unter dieser Oberfläche war es von Machthunger und Verschwörungen gekennzeichnet. Im Verborgenen herrschten Hintermänner, die ihre Marionetten die Politik in der Öffentlichkeit machen ließen.

Um 130 v. Chr. herum hatte die römische Republik den gesamten Mittelmeerraum unter ihrer Kontrolle und war zum mächtigsten Staat der antiken Welt und darüber hinaus geworden. Viele Schätze waren nach Rom gebracht worden, von Kriegsbeuten bis zu griechischen Kunstwerken (Griechenland nahm immer einen besonderen Status ein und wurde von den Römern sehr bewundert). Ohne einen Krieg, der sie beschäftigte, waren die führenden Schichten Roms eifrig damit beschäftigt, intern Macht und Einfluss auszuüben, während sie privaten Reichtum anhäuften. Ehrgeiz und Korruption charakterisierten jene Jahre und ein Bürgerkrieg drohte all das zu schmälern, was im Laufe der vergangenen Jahrhunderte angehäuft worden war. Die Reichen wurden reicher, die Armen wurden noch ärmer und die herkömmlichen Institutionen standen vor ihrer Zerstörung. Die „adligen" Familien kontrollierten das gesamte politische System, Stimmen wurden ständig gekauft und Plebejer wurden daran gehindert, in den Senat gewählt zu werden.

Die Märtyrer sozialer Gerechtigkeit: die Brüder Gracchus

Zwei Männer waren entschlossen, das Unrecht zu beenden, und dank ihrer höchsten patrizischen Abstammung verfügten sie über die Mittel, es zu bekämpfen. Es handelte sich um die Brüder Tiberius und Gaius Sempronius Gracchus. Der ältere, Tiberius, richtete seine Anstrengungen auf das politische System, das ihren Familien zur Macht verholfen hatte, und nutzte alle Mittel und Wege, um die Aristokratie zu schwächen. Er brachte ein Gesetz ein, das vorsah, alle Ländereien zu konfiszieren, die sich die gesellschaftliche Elite unrechtmäßig angeeignet hatte, und öffentliches Land an Besitzlose zu verteilen, aber das Gesetz konnte nicht in Kraft gesetzt werden. Er hatte jetzt die gesamte Elite der Senatoren gegen sich, sie blockierten seine Anstrengungen und ließen ihn schließlich ermorden und in den Tiber werfen.

Tiberius' jüngerer Bruder, Gaius Sempronius Gracchus, wusste, dass ihn ein ähnliches Schicksal erwartete, aber er war nichtsdestotrotz entschlossen, das Land an kleine Bauern zu verteilen. Er stand alleine da (seine Unterstützer waren ermordet worden) und der Senat entschied, dass sein Tod den Interessen Roms am besten dienen würde. Also versprachen sie dem, der Gaius' Kopf bringen würde, dessen Gewicht in Gold als Lohn. Der glückliche Gewinner, der seine Leiche fand (Gaius hatte mittlerweile Selbstmord begangen), entfernte das Gehirn und ersetzte es durch geschmolzenes Blei, um mehr Gold zu erhalten.

Marius, der neue Mann, und Sulla

Während des letzten Jahrzehnts des zweiten Jahrhunderts v. Chr. benötigte die römische Armee dringend eine Erneuerung. Der sogenannte Jugurthinische Krieg dauerte einige Jahre an. Rom hatte die mächtigere Armee, doch der numidische König Jugurtha machte sich die Korruption und Unfähigkeit der römischen Generäle zunutze. Aber dann erschien ein *neuer Mann* (*novus homo*) in Rom. Marius wurde dank seiner Fähigkeiten, nicht seiner Abstammung, Konsul. Er schlug Jugurtha umgehend, es gelang ihm, die germanischen Stämme, die in römisches Territorium einfielen, zurückzuschlagen, und er reformierte die Armee.

Marius Militärreform hatte tiefgreifende Konsequenzen. Er stellte eine Berufsinfanterie auf, die aus Männern bestand, die zuvor nichts besaßen. Ihnen wurde ein Bauernhof am Ende ihrer Dienstzeit versprochen und aus diesem Grund waren sie loyal gegenüber ihrem General, nicht dem Senat. Von jenem Zeitpunkt an, hatte Rom private Armeen im Dienste von Männern, die reich genug waren, sie zu unterhalten.

Marius' langjähriger Rivale, General Lucius Cornelius Sulla, zog seinen Vorteil aus dem neuen System. Als der Senat ihn aufforderte, das Kommando über die Armee, die er befehligte, niederzulegen, weigerte er sich und seine Soldaten blieben ihm persönlich gegenüber loyal. Die Armee marschierte auf Rom und der Krieg zwischen Sulla und Marius kennzeichnete die nächsten Jahre.

Die Triumviri: Pompeius, Crassus und Cäsar

Eine neue Generation von mächtigen Generälen tauchte nach Sullas Tod auf. Drei Männer—Gnaeus Pompeius, Marcus Licinius Crassus und Gaius Julius Cäsar—führten ihre eigenen Armeen und konkurrierten um die Macht. Manchmal arbeiteten sie zusammen, je nach den Umständen. Am Ende wurden alle drei brutal ermordet.

Pompeius und Crassus konnten sich nicht ausstehen, aber sie mussten zusammenarbeiten, um den Senat daran zu hindern, ihnen die Armeen zu entziehen. Im Jahr 70 v. Chr. wurden sie gemeinsam Konsuln, aber die Elite verhinderte ihre zahlreichen Pläne und Wünsche, bis im Jahr 60 v. Chr. ein weiterer Mann zu ihnen stieß. Der dritte Mann war Julius Cäsar und zu dieser Zeit war er Statthalter in Spanien (Hispania Ulterior, dem heutigen Portugal). Die drei Generäle schufen das erste Triumvirat (die Herrschaft der drei „Triumviri"). Im nächsten Jahr wurde Cäsar zum Konsul gewählt, regelte die Angelegenheiten in Rom und ging dann nach Gallien, wo es ihm erlaubt war, eine Armee zu befehligen. Er führte die Armee erfolgreich und eroberte das Gebiet von Rom bis zu den Küsten des Atlantiks und der Nordsee.

Während Cäsar auf dem Marsch war und versuchte, sich als ein wahrer römischer Herrscher zu etablieren, verblieb Rom unter der Kontrolle des Tribuns Publius Clodius Pulcher. Er war äußerst korrupt und nutzte Cäsars Geldmittel, um Banden von Schlägern zu bezahlen. Pulcher sorgte unter anderem dafür, dass Cicero aus Rom verbannt und Pompeius in seinem eigenen Haus gefangen gehalten wurde. Außerdem verführte er Cäsars Gattin. Pompeius war einflussreich genug, um zurückzuschlagen und seine Autorität in Rom zu stärken, was ihn später in Zwist mit Cäsar brachte.

Cicero gegen Catilina

Lucius Sergius Catilina war ein wütender, bankrotter Aristokrat, der Berichten zufolge plante, Roms gewählte Volksvertreter zu liquidieren, den Senat niederzubrennen und die Schulden von Arm und Reich gleichermaßen abzuschreiben. Jeder, dessen Name etwas in Rom bedeutete, hatte die Seiten gewählt und agierte hinter den Kulissen. Der Mann, der Catilina offen entgegentrat, war der berühmte Redner, Politiker und Philosoph Cicero. Er benutzte seine rhetorische Kunstfertigkeit, um überzeugend darzulegen, dass er Catilinas schrecklichen Plan enthüllt und den Staat gerettet habe.

Obwohl Catilina ein Patrizier war und Cicero ein *neuer Mann*, unterstützte die Elite den Letzteren, als er im Jahr 62 v. Chr. Konsul wurde. Im nächsten Jahr waren die beiden Männer wieder Kandidaten. Cicero behauptete, er habe Grund, um sein Leben zu fürchten, hielt einige Reden gegen seinen Widersacher und ließ ihn aus der Stadt verbannen.

Catilina und seine Anhänger versammelten sich an der Stadtgrenze. Unterdessen stellte Cicero jene bloß, die sich noch in der Stadt befanden, und ließ sie ohne ordentliches Gerichtsverfahren ermorden—eine Entscheidung, die seiner politischen Karriere ernsthaften Schaden zufügte. Nur wenige Jahre später endete er in der Verbannung. Sein Exil war nur vorübergehend, aber es gelang ihm nie mehr, seinen vormaligen Status wiederzuerlangen.

Kapitel 5 – Gaius Julius Cäsar, die Überquerung des Rubikon und ein Tod, der die Stadt erschütterte

Zehn Jahre nach der Bildung des ersten Triumvirats hatte sich das politische Klima in Rom verändert. Crassus war tot und die enge Freundschaft zwischen Cäsar und Pompeius war vorbei. Der verantwortliche Konsul im Jahre 50 v. Chr., Gaius Marcellus, verlangte Cäsars Rückzug aus Gallien. Das bedeutete, dass Cäsar den Befehl über die Armee niederlegen musste. Er stimmte unter einer Bedingung zu: Pompeius sollte seinen Oberbefehl als Erster niederlegen.

Julius Cäsar wurde zum Staatsfeind. Der Senat gab Pompeius das *Senatus Consultum Ultimum* und die Autorität, Cäsar zu verhaften und ihn ein für alle Mal loszuwerden. Seine Aussichten waren schlecht, er konnte entweder kapitulieren oder bleiben und gegen Pompeius' Armee kämpfen, die fast so stark wie seine war. Keine dieser Möglichkeiten kam für Cäsar in Frage. 49 v. Chr. führte er daher seine Armee gegen Rom selbst. Er überschritt den Fluss

Rubikon und ging nach Italien. Dies konnte als Krieg gegen die Republik gewertet werden, aber es gab kein Zurück. „Iacta alea est."

Cäsars Einzug in Rom war glorreich. Seine Truppen überwältigten Pompeius' Armee mit Leichtigkeit und er eroberte seine Stadt. Die Senatoren waren entsetzt, aber Cäsar wollte keine Rache. Seine Truppen waren hochdiszipliniert. Nichts wurde zerstört und niemand wurde getötet, nachdem das kurze Gefecht vorbei war. Cäsars Widersacher wurden verschont. Der große Anführer war bereits beliebt und seine neu erwiesene Großmut verbesserte seinen Ruf zusätzlich. Cäsar zeigte nicht nur gegenüber den Senatoren Milde. Er erließ Schulden, brachte Italer in den Senat und erlaubte den Männern, die unter Sulla und Pompeius ins Exil gehen mussten, die Rückkehr nach Rom. Sogar Pompeius' Truppen, die in Rom verblieben waren, wurden in Cäsars Diensten willkommen geheißen. Über Nacht wurde Julius Cäsar zu einem öffentlichen Helden.

Cäsar und Kleopatra

Pompeius, der jetzt Cäsars größter Widersacher war, floh noch in der Nacht, in der Cäsar Rom eroberte, nach Griechenland. Mit dem Ziel, Italien zurückzuerobern, setzte er römische Soldaten aus Grenzgarnisonen ein und versammelte eine große Armee in Griechenland. Seine Truppen waren zahlenmäßig doppelt so stark wie Cäsars, aber das reichte nicht aus. Nach mehreren Zusammenstößen der beiden Armeen schlug Cäsar Pompeius schließlich in der Schlacht von Pharsalos im Jahr 48 v. Chr. Pompeius entkam nach Ägypten, wo Pharao Ptolemaios XIII. ihn in der Hoffnung ermorden ließ, dass Cäsar ihn belohnen würde.

Ptolemaios XIII. benötigte dringend Cäsars Unterstützung. Er hatte gegen seine Schwester, Kleopatra VII., und seine Gattin um die Macht gekämpft (die Ptolemäer hielten so etwas gern in der Familie). Ptolemaios war als Mann der rechtmäßige Herrscher, aber er war brutal und weithin verhasst. Kleopatra hingegen war beliebt, aber sie war aus dem Land verbannt worden. Im Jahr 48 v. Chr. stellte sie eine

Armee auf und kam aus Syria an die ägyptische Grenze. In dieser Situation erschien Cäsar.

Auch wenn sie Gegner waren, war Julius Cäsar doch schockiert über die Art und Weise, wie Pompeius ermordet wurde. Wütend marschierte er in Alexandria ein und übernahm die Kontrolle über den Palast. Dann befahl er beiden, Ptolemaios und Kleopatra, ihre Truppen zu entlassen und ihn zu treffen. Kleopatra kam etwas früher an, am Abend vor dem Treffen, versteckt in einer orientalischen Decke, die Cäsar zum Geschenk gemacht wurde. Er liebte das Geschenk und eine der berühmtesten Romanzen der Antike nahm ihren Anfang. Cäsar und Kleopatra wurden Liebhaber und sie blieben bis zum Tode Cäsars zusammen. Einige Jahre später bekam das Paar einen Sohn namens Ptolemaios Cäsar oder einfach Cäsarion.

Der geliebte Diktator

Cäsar entschied sich 47 v. Chr., direkt im Anschluss an diese romantische Episode, nach Rom zurückzukehren. Auf dem Rückweg zerschlug er alle verbliebenen Gegner. Die letzte Armee, die noch loyal zu Pompeius' Andenken stand, wurde 46 v. Chr. in der Schlacht von Thapsus besiegt.

Der Senat erklärte daraufhin Cäsar zum Diktator für zehn Jahre. Er war jetzt der absolute Herrscher der römischen Welt und er war entschlossen, ein ausgezeichneter Anführer zu sein. Es war seine Aufgabe, den Schaden zu reparieren, der während der vergangenen Jahre angerichtet worden war. Er musste die Republik wiederherstellen, die Institutionen in die Lage versetzen, ordnungsgemäß zu arbeiten, Veteranen ansiedeln und Recht und Ordnung neu etablieren.

Cäsar war ein Visionär, der konkrete Schritte unternahm, um die Stabilität in der römischen Welt wiederherzustellen. Die Reformen waren tiefgreifend und er löste einige soziale Probleme, die sonst zu Unruhen hätten führen können. So verschonte er z.B. Pompeius' Anhänger, vorausgesetzt sie waren willens, die Seiten zu wechseln. Die

Besitzlosen, die auf freie Kornzuteilungen angewiesen waren, wurden in die Kolonien geschickt, wo sie arbeiten und ihre Familien ernähren konnten. Cäsars Armeeveteranen bekamen Land in den bestehenden und in den neuen Kolonien. Menschen aus dem gesamten Reich erhielten das römische Bürgerrecht und das Recht, in den Senat gewählt zu werden. Die Steuern wurden, wo immer möglich, verringert. Stabilität kehrte in die römische Welt zurück.

Die Menschen bewunderten ihren fähigen und gerechten Anführer, aber der Senat war enttäuscht. Anstatt innerhalb des republikanischen Systems zu handeln, behielt Cäsar seine Armee und besaß mehr Macht als jeder erwartete. Darüber hinaus übte er seine Macht uneingeschränkt aus. Zuerst ernannte er sich mehrere Jahre hintereinander zum Konsul und dann übernahm er die Macht eines Tribuns. Anstatt das republikanische System wiederherzustellen, unterminierte er es. Cäsars Männer füllten den Senat. Sein Wort war Gesetz. Seine Standbilder wurden auf die gleiche Höhe wie die von Göttern und Königen gestellt. Seine Büste zierte Münzen. Darüber hinaus hatte Cäsar sich 44 v. Chr. zum Diktator auf Lebenszeit (*Dictator Perpetuus*) erklärt. Er fühlte sich so unangreifbar, dass er seine Leibgarde entließ. Cäsar handelte wie ein König und bereitete sich darauf vor, einer zu werden, indem er eine Prophezeiung erfüllt und die Parther besiegt. Der Beginn des Feldzugs war für den 18. März 44 v. Chr. geplant.

Cäsars Tod

Cäsars stille Widersacher waren erzürnt durch sein Handeln und sie mussten schnell handeln. Eine Gruppe von Verschwörern sah eine Gelegenheit und ließ Cäsar in einer Senatssitzung an den Iden des März erstechen. Der unglückliche Diktator hatte einen Angriff erwartet, aber der Tod kam durch die Hände von Männern, denen er vertraute: Brutus und Cassius. Brutus war sein Adoptivsohn und als solcher hatte er kein materielles Interesse daran, ihn zu töten. Die Motive der Verschwörer lagen anderswo. Die jungen Männer wurden getäuscht. Sie nannten sich selbst die Befreier der Republik und erwarteten für die Befreiung der Republik vom Tyrannen gefeiert zu werden. Sie täuschten sich jedoch. Anstelle einer jubelnden Menge erwartete sie ein leeres Forum. Die Senatoren waren nicht da. Die Öffentlichkeit stand nicht auf Seiten der Verschwörer und ihnen wurde klar, dass sie die Stadt schleunigst verlassen sollten.

Die Verschwörer gegen Julius Cäsar waren sich nicht bewusst, dass dies nur der Anfang einer der aufregendsten Abschnitte der römischen Geschichte war und er nichts mit ihnen zu tun hatte. Brutus und Cassius ermordeten einen autokratischen Anführer, aber der Prozess der Verwandlung der Republik in ein Imperium hatte schon begonnen—und er war unaufhaltsam.

Kapitel 6 – Der Aufstieg des ersten römischen Kaisers

Die Ermordung von Julius Cäsar löste Spannungen in Rom aus, die fast ins Chaos geführt hätten. Die Menge wollte Rache und jemand musste sie beruhigen. Dieser Jemand war Cäsars loyaler Freund und Verbündeter Marcus Antonius (im Deutschen auch Mark Anton). Antonius war Tribun im Jahr 49 v. Chr. gewesen und hatte Cäsars Interessen verteidigt, als der Senat Cäsar aufforderte, seine Armee zu entlassen. Antonius war ein fähiger Heerführer und kommandierte bei vielen Gelegenheiten Truppenteile von Cäsars Armee. Als Cäsar ermordet wurde, war Antonius sein Mit-Konsul und stand jetzt in der alleinigen Verantwortung.

Antonius organisierte ein öffentliches Begräbnis für den verstorbenen Diktator. Die Menschen strömten wütend auf die Straßen und brannten die Häuser der Verschwörer nieder. Wenn sie noch in Rom gewesen wären, hätten sie die Nacht nicht überlebt. Aber sie waren schon geflohen. Der Mann, der ihnen half, lebend zu entkommen, war ebenfalls Antonius. Obwohl er wusste, dass viele der Verschwörer, einschließlich Cicero, ihn ebenfalls tot sehen wollten, handelte Antonius pragmatisch und verhinderte so, dass sich die heikle Situation zu einer Katastrophe entwickelte. In dem Bemühen alle zufriedenzustellen, gab er Brutus und Cassius sogar etwas Land in den neuen römischen Kolonien im Osten.

Für einen kurzen Moment sah es so aus, als würde Antonius Cäsar rasch nachfolgen, aber der Senat stellte sich gegen die Idee. Darüber hinaus hatte Cäsar schon seinen Willen bekundet und einen Erben benannt. Es war nicht Antonius.

Das zweite Triumvirat

Der Mann, den Cäsar als seinen Erben vorgesehen hatte, war sein Neffe, Gaius Octavius Thurinus.[xiv] Octavius absolvierte gerade eine militärische Übung in Nordgriechenland, als ihn die Nachricht erreichte. Er änderte daraufhin schnell seinen Namen in Gaius Julius Cäsar Octavianus (die Änderung war nicht endgültig, da er später noch Augustus werden sollte) und kehrte nach Rom zurück, um seine Erbschaft anzutreten.

Gaius Julius Caesar Octavianus, auch bekannt als Oktavian und später als Augustus.[xv]

Oktavian fand schnell heraus, dass sich Antonius seinen Weg nach oben gekauft und dabei sowohl Cäsars private als auch öffentliche Mittel genutzt hatte. Die beiden Männer wurden augenblicklich zu

Rivalen. Da man ihm versichert hatte, dass Oktavian ihn eliminieren würde, schmiedete Antonius einen Plan, der ihn in die Lage versetzte, die Kontrolle über die Armee zu übernehmen. Er machte sich selbst zum Statthalter von Gallien, wo er—durch seine Truppen geschützt—in Sicherheit war. Oktavian stellte mit Hilfe des Senats ebenfalls eine Armee auf und verfolgte ihn. Aber die Situation gestaltete sich schwierig. Brutus und Cassius wollten nach Rom zurückkehren und der Senat unterstützte sie, ruhig, aber wirkungsvoll. Antonius beabsichtigte Brutus anzugreifen und Oktavian wollte nicht Cäsars Mörder verteidigen. Dem Senat wurde klar, dass Oktavian nicht daran interessiert war, den Senatsinteressen zu dienen und legte ihm Steine in den Weg, indem er das Geld, das Oktavian für die Truppen benötigte, zurückhielt.

Oktavian kehrte mit seinen Legionen nach Rom zurück, machte sich selbst zum Konsul und urteilte alle ab, die sich gegen Cäsar verschworen hatten. Dann traf er sich gemeinsam mit dem ihm loyal ergebenen Marcus Lepidus mit Antonius. Die Situation war politisch verwickelt und—wie schon Cäsar und Pompeius in der vorherigen Generation—begannen Oktavian und Antonius gegen einen gemeinsamen Feind, die „Befreier" und den Senat, zusammenzuarbeiten. Am 27. November 43 v. Chr. ergriffen Oktavian, Antonius und Lepidus die Initiative und bildeten das zweite Triumvirat mit dem Ziel, die Republik wiederherzustellen und jeden zur Rechenschaft zu ziehen, der etwas mit Cäsars Ermordung zu tun hatte. Über zweitausend einflussreiche Männer und 300 Senatoren, darunter Cicero, wurden getötet. Eine noch größere Zahl wurde verbannt. Der Rest des Senats hatte weniger Macht als je zuvor, da die Triumviri (die drei Herrscher) alles kontrollierten. Sie brauchten die Erlaubnis des Senats jetzt nicht mehr, um eine Armee zu unterhalten oder in den Krieg zu ziehen. Der politische Widerstand war zu Ende. Das Triumvirat beherrschte Italien und jeder von ihnen hatte die Kontrolle über einige Provinzen—Oktavian über Afrika, Antonius über Gallien und Lepidus über Spanien. Lepidus blieb während militärischer Feldzüge als Verantwortlicher in Italien zurück, so auch bei dem, den Antonius und Oktavian 42 v. Chr. führten und in dem sie die „Befreier" in der Schlacht von Philippi besiegten.

Das Triumvirat war jetzt von außen unbesiegbar. Die einzige Macht, die diese Form der Regierung noch beenden konnte, war einer der Triumviri selbst und ihre Rivalität untereinander.

Nach dem Sieg bei Philippi ging Antonius nach Osten, um andere Feinde zu bekämpfen und das Reich zu erweitern. Oktavian blieb in Rom und dämmte Lepidus' Einfluss ein. Sodann unternahm er gezielte Vorstöße in Richtung Autokratie. Oktavian beschlagnahmte große Güter von den einflussreichen Landbesitzern und schenkte sie seinen zurückkehrenden Soldaten. Die Enteigneten protestierten, angeführt von Antonius' Frau Fulvia und Lucius Antonius (Antonius' Bruder), und ein weiterer Bürgerkrieg begann. Antonius kehrte im Jahre 40 v. Chr. zurück, um die Situation zu beruhigen, traf ein Abkommen mit Oktavian, heiratete dessen Schwester Octavia (Fulvia war in der Zwischenzeit verstorben) und kehrt dann rasch wieder nach Osten zurück. Er hatte dort etwas Wertvolles erobert und musste zurück, um sich darum zu kümmern. Es handelte sich um die Zuneigung der ägyptischen Königin Kleopatra.

Antonius' Mission im Osten

Antonius plante, dort weiterzumachen, wo Cäsar aufgehalten worden war, nämlich in das Partherreich einzumarschieren und Syria und Asia Minor zurückzuerobern. Aber es gab einige ungeklärte Angelegenheiten, denen er sich zunächst widmen musste. Antonius war zu Ohren gekommen, dass Kleopatra, die Königin Ägyptens und Liebhaberin des verstorbenen Cäsar, Cassius finanzierte, vermutlich um damit Einfluss auf die politische Situation in Rom auszuüben. Er suchte sie auf, um sie zur Rede zu stellen, wurde aber von ihrer sprichwörtlichen Unwiderstehlichkeit gefangen genommen. Sie trafen sich im Jahr 42 v. Chr. und als Antonius 40 v. Chr. nach Rom zurückkehren musste, lebten sie bereits zusammen.

In Rom teilten Antonius und Oktavian das Reich unter sich auf. Rom, Italien und alle Provinzen westlich des Ionischen Meeres kamen unter Oktavians Kontrolle. Antonius regierte die östlichen

Provinzen. Lepidus trug die Verantwortung für Afrika, aber er war für die beiden mächtigen Herrscher der römischen Welt kein Gleichgestellter mehr. Sobald alles geregelt war—das war im Jahr 37 v. Chr.—kehrte Antonius nach Ägypten zurück.

Er ignorierte den Umstand, dass er formal mit Oktavians Schwester Oktavia verheiratet war und heiratete Kleopatra. Das Paar bekam drei Kinder, denen Antonius unglaubliche königliche Titel und Macht über strategisch wichtige Provinzen wie Syria und Armenia verlieh.

Oktavian hat das letzte Wort

Oktavian hielt Antonius' Verhalten für ungeheuerlich. Das Fass zum Überlaufen brachte Oktavias Besuch ihres Gatten in Athen. Oktavians Schwester, die noch immer Antonius' rechtmäßige Frau war, wurde mit äußerster Respektlosigkeit behandelt und aus Antonius' Haus verbannt, nachdem sie nach Rom zurückgehrt war. Oktavian entschied, dass es jetzt reichte und er sich um Antonius und Kleopatra kümmern und die Kontrolle über das ganze Reich übernehmen musste.

Im Jahr 31 v. Chr. gewann Oktavian die Schlacht von Actium gegen Antonius' und Kleopatras geschwächten Heere. Das Paar floh vom Schlachtfeld und als Folge verlor Antonius jegliche Glaubwürdigkeit in den Augen seiner Männer. In diesem und dem folgenden Jahr wechselten viele Truppen und Könige die Seiten und ließen Antonius im Stich. 30 v. Chr. eroberte Oktavian Alexandria und übernahm die Regie in Kleopatras Palast.

Die Geschichte von Antonius und Kleopatra fand ein theatralisches Ende. Kleopatra schloss sich in ihrem Grabmal ein und ihre Diener verkündeten ihren Tod. Antonius fand erst nachdem er sich in sein Schwert gestürzt hatte heraus, dass sie noch lebte. Tödlich verwundet wurde er zu Kleopatra gebracht und starb in ihren Armen. Die Königin und ihre Kinder endeten in Haft, aber Kleopatra tötete sich selbst mit Hilfe einer Schlange. Der Sohn, den sie mit Cäsar hatte, wurde prompt ermordet, so dass er nie Gelegenheit haben würde, das Erbe Cäsars beanspruchen zu können.

Ägypten wurde Teil von Oktavians Römischen Reich. Eine Ära war zu Ende gegangen, eine neue hatte begonnen—mit Oktavian als Herrscher über den größten Teil der bekannten Welt.

Kapitel 7 – Das frühe Römische Reich: Princeps Augustus und die julisch-claudische Dynastie

Im Jahr 27 v. Chr. wurde Oktavian zum *Imperator Caesar Divi Filius Augustus* ausgerufen, was wörtlich bedeutet „Kaiser, Sohn des Gottes Cäsar, der Erhabene" (Cäsar war einige Jahre zuvor vergöttlicht worden). Oktavian änderte seinen Namen und wurde von nun an nur noch Augustus genannt. Darüber hinaus war er jetzt der oberste Priester (*Pontifex Maximus*) des römischen Staatskultes. Auf Münzen und Standbildern wurde er oft als heldenhafter Kämpfer halbgöttlicher Herkunft dargestellt. Dennoch war er offiziell lediglich *Princeps,* der Erste unter den Bürgern und kein Monarch. Es war der Beginn des augusteischen Reichs oder Prinzipats, einem neuen Abschnitt in der römischen Geschichte, die bis ins dritte nachchristliche Jahrhundert dauern sollte.

Das Zeitalter des Augustus

Obwohl Augustus faktisch der einzige Herrscher des Reichs war, war er sehr darauf bedacht, die Illusion des republikanischen Systems aufrechtzuerhalten. Der Senat war immer noch wichtig, allerdings nur formal, um Augustus' Entscheidungen Legitimität zu verleihen.

Das Zeitalter des Augustus wird gewöhnlich als das goldene Zeitalter der römischen Geschichte betrachtet. Es war eine Zeit von Frieden, Wohlstand, sozialer Stabilität und kultureller Renaissance. Die Menschen waren glücklich, weil Augustus die „Soldaten mit Geschenken lockte, die Menschen mit Korn und alle gleichermaßen mit dem Zauber von Ruhe und Frieden".[xvi] Zum ersten Mal schützte eine stehende Armee die Grenzen des Reichs. Augustus leitete einen vollständigen Neubau der Stadt ein und verlieh ihr einen noch nie dagewesenen Glanz.

Vor allem jedoch kümmerte sich Augustus um sein eigenes Bild. Er schloss den Bau des Tempels der Venus Genetris ab, der unter Cäsar begonnen worden war. Die Göttin der Liebe wurde als göttliche Vorfahrin sowohl von Cäsar als auch von Augustus gekennzeichnet. Beide Männer gehörten der Familie der Julier an, die angeblich von Äneas und Ascanius (der auch als Julus bekannt war) abstammte.

Wie auch Cäsar war Augustus die Macht des geschriebenen Wortes wohl bewusst und er wollte sich einen besonderen Platz in der Geschichte sichern. Während Cäsar selbst schrieb und detaillierte Berichte seiner Taten und überzeugende Erklärungen seiner Entscheidungen hinterließ, engagierte Augustus professionelle Schreiber für diese Aufgabe. Gemeinsam mit seinem reichen Freund Mäcenas identifizierte er die prominentesten Dichter und Geschichtsschreiber seiner Zeit und sorgte dafür, dass es ihnen an nichts mangelte, solange sie an seinem historischen Projekt arbeiteten. Fast die gesamte klassische römische Literatur entstand in diesem kulturellen Strom, ein besonderer Platz gebührt jedoch Vergils „Aeneis", die Augustus' göttliche Herkunft wirkungsvoller als jeder Tempel glorifizierte.

Augustus' Privatleben war eng mit seinem öffentlichen Auftreten verknüpft und seine Familienmitglieder mussten seiner Pflichtauffassung folgen. Seine erste Ehefrau hieß Scribonia und mit ihr hatte er sein einziges Kind, seine Tochter Julia. Die Heirat hatte für ihn nur eine strategische Bedeutung. Er ließ sich bald von Scribonia scheiden (aus dem einfachen Grund, dass er nicht mit ihr auskam) und heiratete Livia. Livia musste sich dafür auch aus ihrer Ehe lösen. Sie war die Gattin eines der mächtigsten Gegner Augustus', Tiberius Claudius Nero. Nicht nur, dass er sie heiratete, er adoptierte auch deren Söhne und erzog sie als Prinzen mit einem starken Pflichtgefühl gegenüber dem augusteischen Reich.

Julia heiratete ebenfalls mehrfach und fügte sich damit dem Willen ihres Vaters. Zunächst musste sie Marcus Vipsanius Agrippa heiraten, einen engen Freund von Augustus und ein militärisches Genie, der für die meisten militärischen Errungenschaften des Kaisers gesorgt hatte (auch schon als dieser noch Oktavian, einer der drei Triumviri, war). Agrippa war sehr mächtig, aber dennoch vollkommen loyal gegenüber seinem Freund und Schwiegervater. Augustus hoffte, dass dieser tapfere Soldat und tugendhafte Mann ihm einst auf den Thron nachfolgen würde, gefolgt von den Söhnen, die er mit Julia hatte. Auf diese Weise würde Augustus eine Dynastie begründen und alle zukünftigen Kaiser wären von seinem Blut. Aber die Dinge entwickelten sich nicht wie in seiner Vorstellung. Agrippa starb ebenso wie die Söhne, die er mit Julia hatte. Augustus musste einen Kompromiss eingehen und seine beiden Adoptivsöhne, Drusus und Tiberius, zu seinen Erben machen. Die beiden Männer gehörten zu der aristokratischen römischen Familie der Claudier. Augustus gehörte zu den Juliern (*Iulii*) und die Dynastie, die er begründete, ist als die julisch-claudische Dynastie bekannt.

Als auch Drusus, der ernsthaft als Augustus' potentieller Erbe in Erwägung gezogen wurde, nach einem Sturz vom Pferd starb, erwog Augustus dessen Sohn Germanicus als Erben einzusetzen. Er war ein weiterer Claudier, aber seine Mutter war Octavias (Oktavians Schwester) und Antonius' Tochter. Darüber hinaus war Germanicus der beste General seiner Zeit und ein tugendhafter Mann. Er war bereits äußerst beliebt und würde einen erfolgreichen Kaiser abgeben. Dennoch wurde dann aber ein anderes, etwas komplizierteres Arrangement getroffen. Tiberius sollte Augustus nachfolgen und dann seinerseits seinen Neffen Germanicus adoptieren und ihn zu seinem eigenen Erben machen. Der Mann, der über dieses Arrangement überraschenderweise am unglücklichsten war, war Tiberius.

Tiberius' Leben und Regentschaft

Es war nicht leicht, Augustus' Sohn zu sein—nicht einmal sein Adoptivsohn. Sein Privatleben war eine öffentliche Angelegenheit. Augustus suchte die Frau für ihn aus. Sie hieß Vipsania Agrippina und war die Tochter von Agrippa, dem verstorbenen Freund von Augustus. Acht Jahre später, als Agrippa gestorben war und Augustus' Tochter Julia Witwe wurde, befahl der Kaiser Tiberius, sich scheiden zu lassen und Julia zu heiraten. Das mag für Augustus eine leichte Entscheidung gewesen sein, aber Tiberius liebte Vipsania aufrichtig. Das Paar hatte jahrelang in liebevoller Harmonie miteinander gelebt und Vipsania war zu der Zeit mit ihrem zweiten Kind schwanger[xvii] (das allerdings nicht überlebte). Die Ehe von Tiberius und Julia hingegen war voller skandalöser Affären. Julia wechselte so oft ihre Liebhaber, dass Augustus sie schließlich aus Rom verbannte. Tiberius hingegen kam nie über die Scheidung hinweg und hörte nicht auf, seine erste Frau zu lieben.

Als Augustus starb, folgte ihm Tiberius ohne Probleme auf den Thron. Als Kaiser von Rom erwies er sich als sehr kompetent. Rom war sicher, Städte wurden neu aufgebaut und die Wirtschaft florierte. Aber Tiberius war ein trübsinniger Mann und verlor schließlich jegliches Interesse an der Herrschaft des Reichs. Er zog sich zurück und delegierte—unglücklicherweise—die Macht an einen höchst unehrlichen Menschen, den Präfekten der Prätorianergarde namens Sejanus. Sejanus nutzte seinen Einfluss, um Tiberius' Erben loszuwerden: seinen Sohn Drusus und seinen Adoptivsohn Germanicus. Als Tiberius von den Morden erfuhr, nahm er auf spektakuläre Weise Rache. Vielleicht wurde Tiberius deswegen in seinen späteren Jahren paranoid. Er ließ zahlreiche Menschen umbringen, viele vollkommen Unschuldige, nur weil sie möglicherweise Verräter waren. Sogar zwei Söhne des Germanicus waren unter den Opfern von Tiberius' Paranoia. Einer der Verfolgten war ein Mann namens Gaius Asinius Gallus, dessen größter Fehler es war, Vipsania Agrippina zu heiraten und mehrere Söhne mit ihr zu haben. Tiberius kontrollierte seine Eifersucht, während Vipsania lebte, aber als sie starb, machte der Kaiser den unglücklichen Ehemann zum Staatsfeind und ließ ihn im Gefängnis sterben.

Tiberius starb eines schrecklichen Todes, aber das kümmerte niemanden. Er wurde vergiftet und dann im Bett stranguliert. Der Mann, der den Mord organisiert hatte, war Germanicus' dritter Sohn, Caligula.

Caligula

Zu Beginn seiner Herrschaft war Caligula beliebt, dank dem Ruhm seines Vaters und weil er einige von Tiberius' Entscheidungen zurücknahm. Er erlaubte den Verbannten nach Rom zurückzukehren und führte wieder öffentliche Unterhaltungsveranstaltungen ein (sie waren teuer und Tiberius war geizig, so dass er sie abgeschafft hatte).

Im ersten Jahr seiner Regierung beendete Caligula zahlreiche öffentliche Bauprojekte und senkte die Steuern. Er schien kompetent, zehrte aber in Wirklichkeit die Geldmittel auf, die Tiberius im Staatsschatz hinterlassen hatte. Er gab alles in weniger als einem Jahr aus und verursachte damit Schwierigkeiten. Caligula wurde skrupellos und ließ zahlreiche Personen ermorden, darunter viele Senatoren sowie auch seine eigene Mutter und Großmutter. Er erklärte sich selbst zum Gott und führte inzestuöse Beziehungen mit seinen drei Schwestern, Agrippina, Drusilla und Julia.

Caligula verachtete die einfachen Römer und das Volk konnte ihn nicht ausstehen. Schließlich zerstückelte ihn die Menge während einer öffentlichen Vorstellung.

Caligula hatte keinen Erben benannt und jeden möglichen Kandidaten ermorden lassen. Für einen kurzen Moment hoffte der Senat, dass es keine Kaiser mehr geben würde und dass die Republik wiederhergestellt werden könne. Die Prätorianergarde hatte jedoch andere Pläne.

Claudius

Caligula hatte beinahe alle seine männlichen Verwandten während seiner Herrschaft umbringen lassen. Allerdings hatte er seinen Onkel Claudius verschont, der an zahlreichen körperlichen Gebrechen litt und als der Idiot der Familie galt. Claudius wurde niemals zu einem öffentlichen Amt geschweige denn der Armee zugelassen. Aber als der einzige Überlebende war er jetzt der legitime Thronerbe. Die Prätorianergarde fand ihn und huldigte ihm.

Claudius hatte fünfzig Jahre lang versteckt vor den Augen der Öffentlichkeit gelebt. Aber obwohl er nicht präsentabel war—er stotterte, sabberte und hinkte—war er ein sehr gebildeter und intelligenter Mann. Dank seiner Kenntnis der Geschichte wusste er, dass er die Prätorianergarde gut belohnen musste, um sich ihre Loyalität zu sichern. Er war letztlich ein recht erfolgreicher Herrscher, aber er hatte eine tödliche Schwäche: die Frauen in seinem Leben.

Claudius heiratete viermal. Seine vierte Ehefrau war Caligulas Schwester Agrippina. Agrippina war nur daran gelegen, ihrem Sohn Lucius (in der Geschichte bekannt als Nero) auf den Thron zu helfen. Sie stand hinter Verschwörungen, deren Ziel es war, jeden zu ermorden, der ihr im Weg stand, Claudius und seinen Sohn Britannicus eingeschlossen. Wenn sie geahnt hätte, was kommen sollte, hätte sie es sich vielleicht noch einmal überlegt, ihren noch nicht volljährigen Sohn auf den Thron des Römischen Imperiums zu setzen (das alles passierte vor Neros siebzehnten Geburtstag).

Nero

Antike Quellen bieten widersprüchliche Berichte über das Leben und die Herrschaft Neros. Einige zeichnen ihn als einen verrückten Egomanen, den das römische Volk derart verabscheute, dass es seinen Tode feierte.[xviii] Andere Historiker behaupten, dass Nero großzügig und beliebt gewesen sei, aber dass er viele Feinde innerhalb des Senats und der Elite hatte.[xix]

Nero war der letzte und der jüngste Kaiser der julisch-claudischen Dynastie. Während seine Mutter höhere Ambitionen hatte, war Nero an Kunst, Sport und seiner eigenen Popularität interessiert. Zu Beginn seiner Herrschaft funktionierte das System, das unter Claudius etabliert worden war, gut. Es waren ausreichend Mittel im Staatsschatz, so dass Nero einige öffentliche Bauten errichten und Hilfen für die Armen zur Verfügung stellen konnte, aber der minderjährige Kaiser verstand es nicht, Maß zu halten und begann, die Finanzen zu verschwenden. Schließlich musste er die Steuern erhöhen, was zu einer Reihe von Rebellionen im ganzen Imperium führte—und Nero war nicht in der Lage, mit der angespannten Situation umzugehen.

Nero, Antiquarium des Palatins.[xx]

Seine Mutter war keine große Hilfe. Anstatt die unangenehme Pflicht zu übernehmen, sich um die unglückliche Bevölkerung zu kümmern, versuchte sie Neros Privatleben im Detail zu regeln.

Agrippina verstand sich vorzüglich mit Neros Frau Oktavia und beide versuchten, seine Geliebte namens Poppaea loszuwerden. Einige Historiker gingen so weit zu behaupten, Agrippina habe geplant, ihren Sohn zu töten, um schlechte Publicity zu vermeiden. Am Ende wurde sie jedoch genauso ermordet wie ihre Schwiegertochter Oktavia.

Die einprägsamste Anekdote über Nero ist der große Brand von Rom im Jahr 64 n. Chr. Der Schaden war enorm, da viele öffentliche Gebäude und unzählige Wohnhäuser bis auf die Grundmauern abbrannten. Die Zeitgenossen beschuldigten den Kaiser, das Feuer gelegt zu haben, während er seinerseits die Christen beschuldigte und verfolgen ließ. Tatsache ist, dass er einen solchen Vorfall benötigte und wohl so froh darüber war, dass er tanzte und sang.[xxi] Jetzt hatte er eine hervorragende Gelegenheit, sich als großzügig zu zeigen, den Wiederaufbau zu organisieren und Almosen zu verteilen—außerdem verfügte er jetzt über erstklassiges Land für seine Bauprojekte im Zentrum von Rom.

Nero ließ alle Gegner töten—auch jene, die keine wirkliche Gefahr darstellten—und ging nach Griechenland. Der Kaiser schenkte Griechenland die Freiheit und man ließ ihn die Olympischen Spiele gewinnen, trotz seiner armseligen Leistung und eines Sturzes vom Wagen. Dann trat er im Theater auf und keinem Zuschauer war es erlaubt zu gehen. Unterdessen kam eine große Getreidelieferung, die für Rom bestimmt war, in Griechenland an und führte zu einer großen Hungersnot in der römischen Hauptstadt.

Alle waren unglücklich über Neros Herrschaft, die Armee meuterte und schließlich gesellte sich auch die Prätorianergarde dazu. Der Senat erklärte den Kaiser zum Feind Roms. Nero wurde klar, dass ihn nichts retten konnte und er beging Selbstmord—auf etwas komplizierte Weise. Er befahl einem Diener, ihm vorzumachen, wie man sich umbringt, und benötigte dann noch die Hilfe eines weiteren Dieners. Während er starb, rief er „Welch ein Künstler stirbt in mir!" („Qualis artifex pereo!").[xxii]

Kapitel 8 – Die flavische Dynastie

Nero hatte keine Kinder und es war ihm gelungen, praktisch jeden zu töten, der jemals als legitimer Erbe angesehen werden konnte. Nach seinem Tod gab es daher niemanden, der ihm auf den Thron folgen konnte. Der Mangel an Erben führte zu einem Bürgerkrieg. Im Verlauf eines Jahres—das Jahr der vier Kaiser (68-69 n. Chr.)— erklommen drei Kaiser den Thron und wurden wieder hinabgestoßen. Der vierte, der auf den Plan trat, herrschte für ein Jahrzehnt. Seine beiden Söhne folgten ihm auf den Thron. Sein Name war Vespasian, er war der Begründer der flavischen Dynastie.

Vespasian

Vespasian war nicht aristokratischer Herkunft. Seine Eltern kamen aus dem Ritterstand (der Klasse der reichen nicht-patrizischen Familien) und ihm und seinem Bruder gelang es, bis in den Senatorenrang aufzusteigen. Vespasian war Konsul im Jahr 51 n. Chr. Er war ein brillanter Oberkommandierender, der die Armee während der Eroberung Britanniens 43 n. Chr. und der Unterwerfung Judäas im Jahr 66 n. Chr. führte. Vespasian war Statthalter von Judäa bis 69 n. Chr., als die Statthalter anderer Provinzen ihn dabei unterstützten, den Kaiser (einen inkompetenten Usurpator namens Vitelius, der das Reich in den Bankrott trieb) zu stürzen. Am Ende des Jahres erkannte der Senat Vespasian als Kaiser an.

Der Kaiser war ein harter Arbeiter und er war nicht besessen vom Glanz seiner Stellung. Er führte zahlreiche notwendige Reformen durch, einschließlich einer Erhöhung der Steuern. Die Wirtschaft des Reichs erholte sich und die Armee brachte ihm echte Loyalität entgegen. In den zehn Jahren seiner Herrschaft errichtete er zahlreiche öffentliche Gebäude, darunter das Kolosseum. Er lebte in der Erinnerung als Lichtgestalt fort, vielleicht weil er sich wie Augustus der Macht des geschriebenen Wortes bewusst war. Er finanzierte und schützte Sueton und Tacitus—die Historiker, die unser Verständnis der römischen Welt im wörtlichen Sinne geschaffen haben. Sie dienten während seiner Lebenszeit seinen Interessen und nachdem er gestorben war, beschrieben sie die Herrschaft seines Sohnes Titus ebenso wohlwollend.

Titus

Nicht überraschend zeichneten zeitgenössische Historiker Titus als einen idealen Herrscher. Seine Militärlaufbahn begann in Judäa, wo er die aufständischen Juden gemeinsam mit seinem Vater bekämpfte. Als Vespasian nach Rom ging und Kaiser wurde, übernahm Titus das Kommando in Judäa und schlug schließlich jeden Widerstand nieder und zerstörte Jerusalem und den Zweiten Tempel. Der Tempelschatz diente den Flaviern dazu, prächtige Bauten in Rom zu errichten. Sueton und andere hatten mehr als einen Grund, diesen fähigen Mann zu feiern, jüdische Quellen hingegen beschrieben ihn als einen rücksichtslosen Verfolger.

Vespasian favorisierte Titus eindeutig gegenüber seinem jüngeren Bruder Domitian. Titus erhielt bald alle wichtigen Funktionen im Reich—er war gemeinsam mit seinem Vater Konsul, Präfekt der Prätorianergarde und Tribun. Die Öffentlichkeit war auf einen reibungslosen Übergang vorbereitet und als Vespasian starb, wurde Titus sofort zum Kaiser ausgerufen.

Titus' Regentschaft war kurz, aber effektiv. Er beseitigte das Netz von Spionen, die sogenannten *Delatores*, die für Generationen für Verschwörungstheorien und zahlreiche politische Tode verantwortlich waren. Der Kaiser herrschte kompetent, ließ nie einen politischen Widersacher töten oder Land konfiszieren. Aber Titus kam zu einer für Rom sehr schwierigen Zeit an die Macht. Nach nur wenigen Monaten auf dem Thron brach der Vesuv aus und verwandelte die umliegenden Städte in Gräber. Pompeji und Herculaneum wurden unter Lava und Geröll begraben. In anderen Städten verloren die Menschen alles, was sie besaßen. Um die Situation noch zu verschlimmern, folgten auf die Katastrophe ein weiterer Brand Roms und schließlich die Pest. Titus wurde plötzlich krank und starb—nicht an der Pest, aber unter mysteriösen Umständen, mit denen sein Bruder möglicherweise zu tun hatte.

Domitian

Domitian war nicht in die hohe Politik des Reichs einbezogen und eher abseits gehalten worden. Jetzt jedoch, da sowohl Vespasian als auch Titus (der nur zwei Jahre Kaiser war und sehr jung starb) tot waren, war er der Einzige, der ihnen nachfolgen konnte.

Domitian war ein Autokrat, der den Einfluss des Senats einschränkte und damit eine Feindschaft zwischen sich und der Aristokratie schuf. Er stieß die Historiker, die seinem Vater und seinem Bruder so gut gedient hatten, vor den Kopf. Als Reaktion darauf hatten sie ihm gegenüber eine feindliche Einstellung und beschrieben ihn als rücksichtslosen und paranoiden Autokraten.

Tatsache ist, dass Domitian fünfzehn Jahre lang herrschte und Rom während dieser Zeit prosperierte. Der Kaiser sah davon ab, teure Kriege zu führen und richtete sein Augenmerk auf das Wohlergehen innerhalb des Reichs. Er folgte Augustus' Beispiel, verstärkte die Grenzbefestigungen und führte ein großangelegtes

Wiederaufbauprogramm durch. Im Gegensatz zu den Senatoren und Historikern liebten ihn die einfachen Menschen in Rom wahrscheinlich. Die Armee bewunderte ihn und blieb ihm treu ergeben. Allerdings war er umgeben von Feinden und wurde schließlich von höfischen Amtsträgern ermordet. Der Senat beschloss, seinen Namen und sein Bild aus der offiziellen Geschichte zu tilgen (*damnatio memoriae*). Im ganzen Reich wurden Statuen und Inschriften neu gestaltet oder einfach zerstört. Die Elite machte ihrem Ärger Luft, aber das Projekt wurde nicht gründlich genug durchgeführt. Wir wissen immer noch etwas über den Kaiser, dessen fähige Herrschaft die Grundlage für ein weiteres Jahrhundert in Frieden und Wohlstand legte.[xxiii]

Kapitel 9 – Die nervisch-antoninische Dynastie

Die Dynastie, die nach Domitians Tod an die Macht kam, war durchaus ungewöhnlich. Mit Ausnahme ihres ersten und letzten Kaisers war jeder Herrscher adoptiert und damit kein biologischer Nachfolger seines Vorgängers. Die fünf adoptierten Kaiser sind als die „fünf guten Kaiser" in Erinnerung geblieben. Machiavelli hat diese Phrase vor Jahrhunderten geprägt. Er pries die Weisheit jener, die ihre Erben auf Grund ihrer Fähigkeiten und nicht ihres Blutes auswählten, wobei er den Umstand übersah, dass die Kaiser mangels biologischer Kinder gar keine andere Wahl hatten.[xxiv]

Die Nerva-Antoniner herrschten den größten Teil des zweiten nachchristlichen Jahrhunderts über das Römische Reich, eine Zeit, die im Großen und Ganzen durch Stabilität gekennzeichnet war, was zum Teil dem Umstand geschuldet war, dass ihre Vorgänger, die Flavier, kompetente Herrscher gewesen waren und Domitian einen erheblichen Überschuss im Staatsschatz hinterlassen hatte.

Nerva

Nach Domitians Tod war der Senat ein weiteres Mal in Versuchung, die alte Verfassung wieder in Kraft zu setzen und keinen neuen Kaiser zu legitimieren. Aber mittlerweile hatte die Elite begonnen, Privilegien zu genießen. Und in Krisenzeiten hielt das Volk die Kaiser verantwortlich, nicht die Senatoren. Als die Flavier also Geschichte waren, suchten der Senat und die Prätorianergarde nach einem passenden Kandidaten—fähig und geeignet, aber bescheiden und ohne biologische Erben. Sie fanden ihn in Nerva, einem langjährigen Regierungsbeamten, der mindestens zweimal in seiner Laufbahn zum Konsul gewählt worden war. Darüber hinaus war er bereits 65 Jahre alt und hatte keine Kinder, die aus seiner Stellung als Kaiser hätten Nutzen ziehen können.

Nerva war in der Tat bescheiden, obwohl etwas mehr Entschlossenheit ihm nicht geschadet hätte. Er gab viel Geld aus, um die Unterstützung des Volkes zu bekommen, aber die Armee akzeptierte ihn nie. Zunächst fehlt es ihm in ihren Augen an Integrität. Des Weiteren fehlte es ihm an der Stärke, Domitians Mörder exekutieren zu lassen, wie es die Prätorianer forderten. Die Situation wurde immer angespannter und führte schließlich zur Anarchie.

Nervas Herrschaft würde nicht ewig dauern und er musste sofort einen Erben benennen. Weder der Senat noch die Armee scherten sich darum, wen er als seinen Erben sehen wollte. Es lag nicht mehr in seinem Ermessen. Die Elite hatte schon den nächsten Kaiser ausgesucht. Nerva adoptierte den Mann offiziell und starb kurz danach an einem Herzinfarkt. Der Nächste auf dem Thron war einer der wichtigsten Kaiser in der Geschichte Roms.

Trajan

Trajan war ein charismatischer Armeekommandant aus Südspanien, als Nerva ihn im Jahr 96 n. Chr. (dem Jahr von Domitians Tod und dem Beginn von Nervas Herrschaft) berief, um Obergermanien zu kontrollieren. Das war eine äußerst wichtige Aufgabe, die viel Verantwortung mit sich brachte. In solchen Situationen erforderte die Tradition ein Opfer. Trajan ging zum Tempel des Jupiter, um eine Opfergabe niederzulegen, als sich etwas Unerklärliches ereignete. Als er sich seinen Weg durch die Menge bahnte und die Tempeltüren öffnete, rief der Legende nach die vielstimmige Menge „Imperator!".[xxv]

Kaiser Trajan.[xxvi]

Trajan eilte nicht gleich nach Rom, als er die Neuigkeit seiner Adoption erhielt. Er wollte sicherstellen, dass sich alles unter seiner Kontrolle befand, und als Erstes musste er sich um die Armee kümmern. Einige der Prätorianer—diejenigen, die die Opposition gegen Nerva bildeten—konnten ihm Schwierigkeiten bereiten, also schickte er sie auf besondere Missionen, damit sie beschäftigt waren.

Als sich die Nachricht von Nervas Tod verbreitete, brauchte Trajan ein Jahr, um in der Hauptstadt zu erscheinen. Er entschied, dass es wichtiger sei, zunächst die Grenzen aufzusuchen, da dort die Armee stand. Offiziell inspizierte er die Grenzlinien, um sicherzustellen, dass sie Schutz vor auswärtigen Feinden boten, wie z.B. den Dakern. In Wahrheit musste er gute Beziehungen zu den Truppen herstellen, die Domitian treu ergeben waren und Nerva nie akzeptiert hatten.

Schließlich betrat er im Sommer 99 n. Chr. bescheiden die Stadt. Er kam zu Fuß und traf auf die Menschen, die ihn erwarteten. Die

Römer bewunderten Trajan bereits und seine jetzige Haltung machte ihn noch beliebter. Seine Beziehung zum Senat war ausgezeichnet. Dennoch war er derjenige, der alle Fäden in der Hand hielt. Trajan war ein Mann von Integrität und Entschiedenheit und wurde von vielen als idealer Herrscher (*optimus princeps*) beschrieben.[xxvii]

Es gab zwei Aspekte seiner Herrschaft, die zu seinem herausragenden Ruf beitrugen. Zunächst lag ihm der öffentliche Wohlstand wirklich am Herzen, er half den Armen und ließ zahlreiche Gebäude errichten oder wiederherstellen, wie Brücken, Aquädukte und öffentliche Bäder. Viele Gefangenen und Exilanten wurden rehabilitiert und jedermann ermutigt, einen nützlichen Beitrag zu leisten. Alles funktionierte perfekt, aber das war noch nicht alles.

Der zweite Aspekt, der ihn über die früheren Kaiser erhob, waren seine militärischen Eroberungen. Zuerst gelang es ihm, die Daker (die zu dieser Zeit über beträchtliche Macht verfügten und viele Probleme verursachten) und die Parther (den Feind aus dem Osten, den Cäsar kurz vor seinem Tod bekämpfen wollte[xxviii]) endgültig zu besiegen. Darüber hinaus vermochte Trajan die Ausdehnung des Reichs mehr als jeder andere in der Geschichte Roms zu vergrößern: von Schottland bis zum Kaspischen Meer.

Die letzten Tage seines Lebens verbrachte Trajan damit, Rebellionen an der Ost- und Nordgrenze niederzuschlagen. In dieser Zeit wurde er krank und starb. Antike Quellen sind voll von Gerüchten und einige deuten an, dass Trajan homosexuell war und dass seine Frau Pompeia Plotina und einer seiner vermeintlichen Liebhaber namens Hadrian den Kaiser vergiftet hatten.[xxix] Wir wissen mit Sicherheit, dass Trajan Hadrian auf seinem Sterbebett zu seinem Erben bestimmte und das ohne irgendein Schriftstück. Die einzigen Zeugen seines letzten Willens waren seine Frau und der Prätorianerpräfekt Attianus, den die vorgenannten Quellen als Plotinas Liebhaber nennen. Wie auch immer, der Kaiser war tot und der nächste war bereit, den Thron zu besteigen.

Hadrian

Um einen weiteren Bürgerkrieg zu vermeiden, nahmen der Senat und die Armee Abstand davon, die Legitimität der Adoption in Frage zu stellen. Dennoch wurden zahlreiche Senatoren ohne Prozess hingerichtet. Der Mann, der für diese Morde verantwortlich war, war Präfekt Attianus—ebenjener, der Trajan möglicherweise vergiftet hatte. Attianus verfügte in der Tat über beträchtliche Macht und glaubte, er würde die Richtung für Hadrians Herrschaft vorgeben können, aber der Kaiser ersetzte ihn, sobald er sich dessen bewusst wurde. Hadrian versprach daraufhin dem Senat, dass er nie wieder jemanden auf der Basis von unbewiesenen Behauptungen exekutieren lassen würde.

Hadrian begann seine Herrschaft mit der Bekämpfung von Rebellionen an den römischen Grenzen, die so ausgedehnt waren, dass es schwer war, sie zu verteidigen. Die exzessive Erweiterung des Reichs unter Trajan hatte nur Probleme mit sich gebracht und Hadrian entschied sich, den entgegengesetzten Kurs einzuschlagen. Wie für Augustus war auch für Hadrian die Stabilität innerhalb der existierenden Grenzen wichtig, also verzichtete er auf die weitere Expansion und gab sogar Armenien und Mesopotamien auf. Hadrian reorganisierte die Verteidigungsanlagen, führte strikte militärische Disziplin ein und ließ den berühmten Hadrianswall in Britannien errichten, „um Rom von den Barbaren zu trennen".[xxx]

Die Bevölkerung in den Provinzen liebte diesen Kaiser, nicht nur weil er ihnen viel Autonomie gab, sondern auch, weil er zahlreiche Bauten im ganzen Reich errichten und wiederherstellen ließ. Die Griechen waren über seine Leistungen froh, die Bevölkerung Judäas hingegen nicht. Sie wollten sich nicht in die griechisch-römische Welt einfügen und als die Römer versuchten, auf den Ruinen des alten Tempels in Jerusalem einen Tempel zu Ehren Jupiters zu errichten, brach der Bar-Kochba-Aufstand aus. Es gab viele Verluste auf beiden Seiten. Hadrians Armee gelang es schließlich, den Widerstand zu brechen. Die Konsequenzen für die Juden waren schrecklich: In dieser historischen Stunde verloren sie ihr Land. Hadrian benannte die Provinz Judäa in Palästina um (der antike Name des Landes der Philister, ein Volk, das bereits Jahrhunderte zuvor aus der Geschichte verschwunden war) und vereinigte sie mit Syria. Die neue Provinz hieß jetzt Syria Palästina, aus Jerusalem wurde Aelia Capitolina und das Volk wurde versklavt.

Hadrian war graecophil, er liebte die griechische Kunst und Kultur—und einen jungen Griechen namens Antinoos ganz besonders. Zeitgenössische Quellen bezeugen, dass der Kaiser so vom frühen Tod seines Liebhabers überwältigt gewesen sei, dass er wie eine Frau geweint habe.[xxxi] Er hatte natürlich eine Frau, aber seine Ehe war unglücklich. Hadrian starb an Herzversagen und der Titel des römischen Kaisers ging auf seinen Adoptivsohn Antoninus über.

Antoninus Pius

Antoninus war Hadrians dritte Wahl. Der Mann, den er ursprünglich adoptieren wollte, war schon gestorben und der zweite, der in Frage kam, Marcus Aurelius, war zu jung. Antoninus stand bereit, um die Lücke zu schließen, er sollte ein paar Jahre regieren und dann sollte Aurelius ihm nachfolgen. Zu jedermanns Überraschung herrschte Antoninus 23 Jahre und diese Jahre waren friedlich und prosperierend. Wegen seiner Frömmigkeit und Dankbarkeit blieb er als Antoninus Pius im Gedächtnis.

Antoninus folgte den Linien von Hadrians Politik, aber auf eine etwas andere Weise. Er blieb die meiste Zeit in Rom und vertraute seinen loyalen Heerführern, mit gelegentlichen Grenzkonflikten fertig zu werden. Er begnadigte eine Reihe von Männern, die während der Herrschaft seines Vorgängers ins Gefängnis geworfen worden waren und erklärte, dass Hadrian sie ebenfalls auf freien Fuß gesetzt hätte, wenn er dazu noch die Gelegenheit gehabt hätte.

Da der sparsame Kaiser sehr auf die öffentlichen Finanzen achtete, konnte er zahlreiche Bauprojekte ausführen, wie die Gedenktempel für seine Frau Faustina und seinen Wohltäter Hadrian sowie den beeindruckenden Antoninuswall in Schottland.

Marcus Aurelius

Antoninus Pius hatte zwei Söhne und viele Töchter mit Faustina, aber fast alle starben vor ihm. Hinsichtlich der Thronfolge machte das keinen Unterschied, denn seine Nachfolger waren schon zwei Jahrzehnte zuvor bestimmt worden. Dabei handelte es sich um Marcus Aurelius (im Deutschen auch Mark Aurel) und Lucius Verus. Die beiden Männer herrschten gemeinsam bis zu Verus' Tod, woraufhin Aurelius seinen Sohn Commodus zum Mitkaiser machte.

Aurelius wurde von Machiavelli als der Letzte der fünf guten Kaiser herausgestellt. Er ist besser bekannt als Philosoph und einer der wichtigsten Vertreter des Stoizismus sowie als Autor der „Meditationen". Aurelius verkörperte das platonische Ideal des Philosophenherrschers. Er nutzte seine Macht weise und half eher dem Volk als sich selbst.

Auch wenn er das Leben in Kontemplation schätzte, war er ein fähiger Militärführer, der viele Jahre auf den Schlachtfeldern verbrachte und die Barbarenvölker an der Donaugrenze bekämpfte. Er war gerade im Begriff, die Parther zu besiegen, als er in Vindobona im heutigen Österreich starb.

Commodus

Marcus Aurelius starb 180 n. Chr. und hinterließ seinem noch nicht zwanzigjährigen Sohn die Alleinherrschaft. Der historische Moment war außerordentlich schwierig. Jahr für Jahr wurden die Feinde an den Grenzen stärker. Die römische Armee unternahm ungeheure Anstrengungen, eine Invasion zu verhindern. Dazu kam, dass Commodus zu jung und unfähig war, das Reich zu regieren.

Der Sohn des Marcus Aurelius hatte die bestmögliche Erziehung genossen und es wurde erwartet, dass er sich als weiser Herrscher zeigte. Er erwies sich jedoch als abscheulicher Egomane. Commodus kämpfte mit Gladiatoren (natürlich durfte ihn niemand verletzen) und liebte es, als Herkules dargestellt zu werden. Er ließ zu, dass ein paar

Opportunisten Rom regierten und ins Chaos stürzten. Das Amt des Konsuls war käuflich, Menschen wurden aus lächerlichen Gründen ermordet und die Wirtschaft des Reichs geriet in ernsthafte Gefahr. Den Kaiser kümmerte all das nicht. Es langweilte ihn, den Staat zu regieren und er wollte sein Vergnügen. Seine kreativen Ideen bestanden u.a. darin, das Reich in Commodiana umzubenennen, die Konsuln zu exekutieren und durch Gladiatoren zu ersetzen. Glücklicherweise wurde das dem Prätorianerpräfekten bekannt, der die Vergiftung des verrückten Kaisers in die Wege leitete. Die Aufgabe war schwierig. Commodus' Geliebte reichte ihm ein Glas vergifteten Weins, das er gierig annahm, aber er war schon so betrunken, dass er ihn wieder erbrach. Der Versuch, ihn zu vergiften, stellte sich als keine gute Idee heraus und die Verschwörer mussten auf Plan B ausweichen, der das Erdrosseln des Kaisers vorsah. Einer von Commodus' persönlichen Athleten erledigte das erfolgreich.

Viele Historiker haben die Zeit von Commodus' Regentschaft als den Moment identifiziert, in dem Rom aufhörte, eine hochgradig organisierte Gesellschaft und eine unbesiegbare Supermacht zu sein, und begann, sich in ein Königreich von „Eisen und Rost"[xxxii] zu verwandeln. Zahlreiche Berichte über das antike Rom hören hier auf, aber wir fahren fort. Das römische Reich ging nicht im zweiten nachchristlichen Jahrhundert unter. Es dauerte noch hunderte von Jahren nach Commodus fort und sollte noch viele Momente des Ruhms unter einigen seiner visionärsten Herrscher, wie Diokletian und Konstantin, erleben.

Kapitel 10 – Das späte Reich

Die Dynastie der Nerva-Antoniner endete mit Commodus' Tod. Eine Zeit großer Unsicherheit begann und dauerte fast ein gesamtes Jahrhundert. Der Thron von Rom befand sich in den Händen zahlreicher Usurpatoren, die durch den Mord an ihren Vorgängern an die Macht kamen. Sie endeten alle auf die gleiche Weise: ermordet vom nächsten Kaiser oder der Prätorianergarde. Der größte Teil des dritten Jahrhunderts ist heute als die „Krise des Dritten Jahrhunderts" oder die „Krise des Reichs" bekannt. Die römischen Truppen bekämpften sich gegenseitig, um ihre Generäle auf den Thron zu heben, während Barbarenhorden die Grenzen angriffen. Neunundzwanzig Kaiser kamen und gingen in nur fünf Jahrzehnten und stürzten das Reich in weiteren Aufruhr. Schließlich entschied sich ein Kaiser aus dem Soldatenstand, dem weiteren Verfall Einhalt zu gebieten und eine Zeit der Stabilität herbeizuführen.

Diokletian und die Tetrarchie

Wie viele Kaiser vor ihm verdankte Diokletian den Thron seinen Truppen, indem sie den amtierenden Kaiser töteten und seine Armee zerschlugen. Anders als sein Vorgänger war er jedoch nicht von der Macht geblendet. Er verstand, dass ein Mann allein das römische Reich in seiner ganzen Ausdehnung nicht wirksam beherrschen konnte—vor allem nicht unter den chaotischen Umständen, die für das dritte nachchristliche Jahrhundert charakteristisch waren. Also teilte er es auf.

Diokletian trug nun die Verantwortung für den östlichen (hauptsächlich griechischen) Teil des Reichs und vertraute seinem Freund Maximian die Kontrolle über den westlichen (lateinischen) Teil an. Die Verwaltung funktionierte so wirkungsvoll, dass der Kaiser zu der Auffassung gelangte, jede Hälfte noch einmal aufzuteilen und eine Tetrarchie (Herrschaft der Vier) zu installieren. Diokletian und Maximian trugen beide den Titel des römischen Kaisers (Augustus), während die beiden neuen Tetrarchen namens Galerius und Constantius Chlorus („der Blasse") den Titel Unterkaiser (Cäsar) erhielten.

Diokletian führte verschiedene Reformen durch und brachte Ordnung in die Armee, die Verwaltung und das Steuersystem. Er erkannte, dass das augusteische Modell des Reichs, das auf den Institutionen der Republik basierte, nicht länger funktionierte. Das Prinzipat endete und das neue Modell, Dominat genannt, nahm seinen Anfang. Der neue Kaiser kleidete sich in Gold, trug eine Krone und präsentierte sich als die Verkörperung Jupiters auf Erden. Die traditionelle römische (heidnische) Religion trug dazu bei, da die Herrscher schon seit Jahrhunderten vergöttlicht wurden. Die Bevölkerung musste Diokletian als die Verkörperung Jupiters auf Erden verehren und ihm zeremonielle Opfergaben darbringen.

Seine heidnischen Untertanen folgten den neuen Regeln gerne. Schließlich war dies der Kaiser, der nach einem Jahrhundert unhaltbarer Zustände die Ordnung wiederhergestellt hatte. Aber mittlerweile gab es im Reich eine erhebliche Anzahl Christen und sie bereiteten Diokletian Schwierigkeiten. Obwohl sie Musterbürger waren, die in der Armee dienten und Steuern zahlten, weigerten sie sich standhaft, dem Kaiser Opfergaben darzubringen. Für sie gab es nur einen Gott und das war nicht der Kaiser.

Verärgert über die Unterwanderung seiner kaiserlichen Autorität entschied Diokletian, dem Christentum im Reich ein Ende zu bereiten. Kirchen wurden abgerissen, Schriften verbrannt und Menschen gefangengenommen, verbannt oder getötet. Jedoch erzielten weder Propaganda noch Repressionen das gewünschte Resultat. Das Gegenteil war der Fall: Das Christentum wurde stärker als je zuvor und Diokletian stand unter solchem Druck, dass er die Kaiserwürde niederlegte.

Als er im Jahr 305 n. Chr. abdankte, musste sein Mitkaiser seinem Beispiel folgen. Beide Kaiser traten zurück und überließen ihre Autorität Galerius und Constantius, die wiederum neue Unterkaiser ernennen mussten. Obwohl sowohl Constantius als auch Maximian Söhne hatten, die beide bewährte Generäle waren, wurden beide übergangen, während neue Männer zu Unterkaisern gemacht wurden.

Das Ende der Tetrarchie

Im Vergleich zu den anderen Tetrarchen war Constantius der Blasse der beliebteste. Er war ehrlich, gerecht und bodenständig. Im Gegensatz zu den anderen ließ er weder Christen noch sonst jemanden verfolgen und seine Armee war hinsichtlich der Religion heterogen. Er starb jedoch einen langsamen Tod. Seine Blässe war nicht metaphorisch, sondern er litt an Leukämie. Er starb während eines Feldzugs in Britannien und wurde von seinen Soldaten aufrichtig betrauert. Seine Armee wurde unterrichtet, dass sie fortan dem neuen Kaiser Severus dienen würde. Die meisten hatten noch nie von ihm gehört. Sie waren loyal gegenüber Constantius und seinem Sohn Konstantin, der oft an den Feldzügen seines Vaters teilnahm. Die Soldaten kannten und bewunderten ihn—und erklärten ihn zu ihrem Kaiser. Die kurzlebige Zeit des friedlichen Übergangs unter Diokletian war zu Ende.

Konstantin übernimmt den Westen...

Maximians Sohn Maxentius war sehr angetan von der Vorstellung, auf Konstantins Weise die Macht zu ergreifen, und so setzte er die Truppen, die seinem Vater gedient hatten, ein und eroberte Rom. In diesem Moment hatte das Römische Reich sechs Kaiser: vier legale und zwei selbsternannte. Bis 312 n. Chr. waren in der westlichen Hälfte des Reichs nur noch die beiden selbsternannten übrig.

Maxentius beabsichtigte zu keinem Zeitpunkt, mit Konstantin zu kooperieren. Rom und der Rest Italiens gehörten ihm. Er verfügte über eine große Armee und zahlreiche Befestigungen. Aber Maxentius war ein grausamer und unbeliebter Herrscher und seine Armee brachte ihm nicht die gleiche Wertschätzung entgegen wie Konstantins Armee ihrem Befehlshaber. Als Konstantin und seine 40.000 Männer in Italien einmarschierten, flohen Maxentius und seine Truppen aus der Stadt.

Die beiden Armeen trafen an der Milvischen Brücke aufeinander und Konstantin vernichtete seinen Widersacher. Am nächsten Tag hatte Rom ein neues Staatsoberhaupt. Konstantin zog in die Stadt ein und präsentierte stolz den Kopf seines Gegners auf einem Speer. Er war jetzt Kaiser des westlichen Teils des Römischen Reichs und das war erst der Anfang für diesen visionären Herrscher.

Konstantin hatte etwas Besonderes, etwas das ihm enorme Beliebtheit verschaffte. Er zog als Retter in Rom ein und nicht als Unterdrücker wie Maxentius. Er war ein Mann des Volkes. Darüber hinaus wandte er sich in diesen heiklen Zeiten, als Christen im ganzen Reich unterdrückt wurden, Christus statt Jupiter zu und weigerte sich, dem traditionellen heidnischen Gott die üblichen Opfergaben darzubringen. Aber Konstantin wechselte nicht einfach die Seiten. Der Kaiser erkannte das Christentum in einem Toleranzedikt im Jahr 313 an, stieß aber seine heidnischen Untertanen nicht vor den Kopf, indem er die neue Religion zur offiziellen erklärte. Er wurde immer als Pionier der religiösen Toleranz gesehen.

...und den Osten

Während Konstantin und Maxentius im westlichen Reich gegeneinander kämpften, ereignete sich im östlichen Reich etwas Ähnliches. Licinus—zunächst einer der legitimen Tetrarchen und jetzt

Alleinherrscher im Osten—hatte bereits seinen Konkurrenten geschlagen und den Unterkaiser Valerius Valens ermorden lassen. Seine einzige Bedrohung war Konstantin, aber die beiden Kaiser kamen überein, dass jeder die Herrschaft in seiner Hälfte des Reichs behielt. Eine unausgesprochene Feindschaft wuchs jedoch bis zu dem Punkt, an dem der Konflikt unausweichlich wurde.

Licinus beging einen fatalen Fehler. Im östlichen Teil des Reichs lebten mehr Christen als im westlichen und Licinus nahm an, dass sie alle Konstantin unterstützen würden. Deshalb begann er, seine Untertanen zu verfolgen. Das gab Konstantin die perfekte Gelegenheit, sich als der Retter des Volkes zu erweisen, also erschien er mit einer Armee und griff Licinus an. Die Armeen trafen nahe Byzantium aufeinander, das noch eine kleine griechische Kolonie war und erst später zum Zentrum des bekannten Universums werden sollte, und natürlich siegte Konstantin.

Kapitel 11 – Das Reich Konstantins

Zum ersten Mal in der jüngeren römischen Geschichte hatte das Römische Reich wieder einen einzelnen Kaiser. Konstantin war fähig und stark genug, die Verantwortung zu tragen, aber sie war nicht leicht. Häufige Bürgerkriege hatten das Reich destabilisiert und Konstantin führte eine Reihe von Reformen durch, um alles wieder ins Gefüge zu bringen. Die Wirtschaft erholte sich dank dem Umstand, dass sich die arbeitenden Klassen wieder der Arbeit zuwenden konnten, statt in den Krieg ziehen zu müssen. Um die Erholung zu beschleunigen, band Konstantin jedermann an seine Beschäftigung. Die Bauern durften ihr Land nicht verlassen und die Mitglieder der Gilden (ganze Familien) konnten ihre Beschäftigung nicht wechseln. Diese drastischen Maßnahmen hatten unterschiedliche Auswirkungen im östlichen und westlichen Teil des Reichs. Der Osten blühte bereits und war stabil und die Anordnungen wurden größtenteils ignoriert. Im Westen jedoch führten die Reformen zum mittelalterlichen Feudalsystem.

Da es niemanden mehr gab, der Konstantins Position auf dem Thron in Frage stellen konnte, ging er bei der Förderung des Christentums einen Schritt weiter. Zuerst schickte er seine Mutter auf die allererste Pilgerreise der Geschichte, auf der sie viele Kirchen gründete, wie z.B. die Geburtskirche in Bethlehem und die Grabeskirche von Golgatha in Jerusalem sowie zahlreiche Herbergen und Hospitäler entlang des Weges. Der nächste Schritt zur Unterstützung des neuen Glaubens bestand in der Ächtung von rituellen Opfern, Orgien und Gladiatorenkämpfen. Die Praxis der Kreuzigung wurde ebenfalls verboten. Das einzige populäre öffentliche Spektakel, das noch erlaubt war, war das Wagenrennen, da es nicht gewalttätig war.

Die ersten Häretiker: die Arianer

Konstantin bildete das Reich tiefgreifend um und seine Verbindung mit dem Christentum war jetzt unzerbrechlich. Alles schien geklärt, als eine neue Herausforderung erschien. Ein brillanter und überzeugender junger Priester aus Ägypten begann, seine eigenen Ansichten über Jesus Christus zu lehren. Sein Name war Arius und er glaubte, dass Christus kein Gott im wahren Sinne sei und dass er in der Hierarchie unter Gott, dem Vater, stehe. Arius zog zahlreiche Anhänger an und sie blieben auch dann an seiner Seite, als ein neuer Bischof ernannt wurde, um ihn in Alexandria zu ersetzen. Die Situation drohte die Kirche, die noch dezentral und nicht durchorganisiert war, zu zerbrechen.

Eine offizielle Meinung der Kirche als solcher existierte noch nicht—die Kirche war gerade erst dabei, sich zu konsolidieren und ihre Ansichten zu formulieren. Die Zukunft des Reichs hing davon ab und es war Konstantin, der den Anstoß für eine dauerhafte Lösung gab. Da er mehr an sozialer Stabilität als an Theologie interessiert war, bot er einfache Lösungen an, z.B. die Unterschiede herauszuarbeiten. Als sein Aufruf keinen Widerhall fand, versammelte er alle Bischöfe des Reichs zur Aussprache in einem großen Konzil in Nikäa. Die Mehrheit befand, dass Arius Unrecht hatte und exkommunizierte ihn. Dank Konstantin war die Christenheit jetzt vereinigt, aber die Harmonie war kurzlebig und sollte nicht lange anhalten. Das machte für den Kaiser keinen Unterschied, der schon eines seiner größten Projekte vorbereitete.

Der Bau von Konstantinopel (das Neue Rom)

Nun da Konstantin diese heikle Angelegenheit erledigt hatte, entschied er, dass es an der Zeit war, sich einer bedeutenden Bautätigkeit zuzuwenden. Er ließ eine imposante Basilika in Rom erbauen, mit einer großen Statue seiner selbst im Innern, sowie ein paar weitere Kirchen, unter anderem eine für den Papst.

Nichtsdestotrotz wollte Konstantin nicht von Rom aus regieren. Die Stadt war strategisch nicht mehr so bedeutend und sie zeigte sichtbare Spuren von Zerfall und Korruption. Rom war die Stadt der Vergangenheit und Konstantin stand eine Stadt der Zukunft vor Augen. Das Reich hatte sich unter seiner Herrschaft erheblich verändert und er war der Ansicht, dass er eine neue Hauptstadt verdiente—ein Neues Rom (*Nova Roma*).

Es war nicht einfach, das perfekte Gelände für ein solches Unterfangen zu finden, aber Konstantin—so behauptete er später—wurde durch die göttliche Stimme geführt. Gott führte ihn an eben jenen Ort, an dem er Licinus vernichtet hatte und Kaiser sowohl des Ostens als auch des Westens geworden war: die antike Stadt Byzanz.

Diese tausend Jahre alte griechische Kolonie lag an einer perfekten Stelle geradewegs zwischen den Rändern des östlichen und des westlichen Teils des Reichs. An drei Seiten von Wasser umgeben, verfügte sie über ausgezeichnete natürliche Verteidigungsanlagen. Der große Hafen der Stadt lag zwischen dem Mittelmeer und dem Schwarzen Meer, am Mittelpunkt lukrativer Handelsrouten. Die Stelle war, wie die Geschichte später erwies, so perfekt, dass es wie ein Wunder anmutet, dass niemand vor Konstantin auf die Idee gekommen war, an diesem Ort eine Hauptstadt zu erbauen.

Konstantin setzte alle zur Verfügung stehenden Ressourcen ein und die prachtvolle neue Stadt entstand innerhalb von nur sechs Jahren. Menschen aus allen Regionen des Reichs zogen freudig ins

Neue Rom, um sowohl die verschiedenen Vorteile wie kostenloses Getreide und frisches Wasser zu genießen als auch die Gelegenheit zu erhalten, ihre soziale Stellung zu verbessern.

Die neue Hauptstadt wurde im Jahr 330 n. Chr. geweiht. Während Konstantins Herrschaft wurde sie das Neue Rom genannt. Ein Jahrhundert später wurde sie zu Konstantinopel und der neue Name hatte Bestand, bis er im zwanzigsten Jahrhundert in Istanbul geändert wurde. Heute ist die Stadt die Hauptstadt der Türkei.

Die letzten Jahre Konstantins des Großen: ein dunkles Geheimnis, Taufe und Tod

In den späteren Jahren seiner Herrschaft war es für Konstantin nicht leicht, die politische und religiöse Harmonie aufrechtzuerhalten. Er entwickelte sich zu einem repressiven Herrscher und setzte harte und manchmal ungerechte Mittel ein, um den öffentlichen Wohlstand zurückzubringen. Er hatte damit Erfolg, aber er wurde skrupellos. Er ließ viele, die ihm—wenn auch nur in geringem Maße—als potentielle Rivalen erschienen, ermorden.

Konstantin war nicht in der Lage, die Popularität anderer zu ertragen, und es gab einen Mann, den die Massen liebten und auf dem Thron sehen wollten. Der Kaiser ließ auch ihn unter falschen Beschuldigungen ermorden. Der unglückliche Mann war Crispus, sein ältester Sohn.

Welche Anstrengung Konstantin auch unternahm, es gelang ihm nicht, alles unter Kontrolle zu halten. Er hatte zahlreiche Probleme mit der Kirche. Auch wenn er die Mittel hatte, die offizielle Doktrin, die in Nikäa festgelegt worden war, zu beeinflussen, die Meinungen und der Glaube seiner Untertanen waren außerhalb seiner Reichweite. Arius und andere Häretiker gewannen die Unterstützung von Menschen, denen es gleichgültig war, ob diese Priester aus der Kirche ausgeschlossen waren. Selbst Konstantin selber war niemals ganz sicher, welche Fraktion innerhalb der Kirche er unterstützen sollte. Da er theologischen Fragen gleichgültig gegenüberstand, wollte er lediglich die beliebteste unterstützen, damit sie seinen Einfluss verbreitete. Es scheint, dass er gegen Ende seines Lebens den Eindruck hatte, dass die Arianer gewinnen würden, denn als er schließlich getauft wurde, vollzog ein arianischer Bischof die Zeremonie.

Kapitel 12 – Die konstantinische Dynastie

Konstantin war einer der fähigsten Herrscher der römischen Geschichte, aber er war noch weit davon entfernt, perfekt zu sein. Einige Angelegenheiten, deren Lösung ihm nicht gelungen war, entwickelten sich nach seinem Tod zu größeren Problemen. Die alte römische Religion existierte neben dem Christentum. Das Modell hatte unter Konstantin gut funktioniert, aber jetzt drohte es, das Reich zu zerbrechen. Die zweite ungelöste Frage war die der Nachfolge.

Konstantins Söhne

Konstantin war so bedacht auf seine eigene Position, dass er, wie wir im vergangenen Kapitel gesehen haben, die Exekution seines fähigsten Erben in Auftrag gab. Die drei verbliebenen Söhne namens Konstantin II., Constantius II. und Constans teilten das Reich unter sich auf, begannen aber unmittelbar, sich untereinander zu bekämpfen, um die Herrschaft über das gesamte Reich zu erlangen. Nach einigen Jahren Bürgerkrieg ging Constantius II. als Sieger hervor. Aber das Reich hatte viele Feinde, die nach und nach an Stärke gewannen, und es war ihm nicht möglich, gleichzeitig an allen Fronten präsent zu sein. Er benötigte dringend jemanden aus seiner

Familie, um den Rest der Armee zu führen, aber er hatte alle, die in Frage kamen, vorsorglich getötet. Nun, fast alle, es gab noch einen sonderbaren kleinen Cousin, Julian, den Constantius verschont hatte, weil der Junge keine große Gefahr darzustellen schien. Der Kaiser hätte wohl anders gedacht, hätte er gewusst, welches Potential in dem jungen Julian steckte.

Julian der Apostat

Flavius Claudius Julianus (später bekannt als Julian der Apostat) verbrachte seine Kindheit in häuslicher Gefangenschaft und las die griechischen und römischen Klassiker. Er hatte nie andere als intellektuelle Ambitionen gezeigt und als er 19 Jahre alt wurde, bekam er ohne Probleme die Erlaubnis zu reisen und seine Studien der klassischen Welt zu verfolgen. Während seiner Reisen von Pergamon nach Ephesos studierte Julian Philosophie, verwarf das Christentum und wandte sich dem Neoplatonismus zu. Er verschwieg allen—vor allem seinen christlichen Lehrern—seine Abkehr vom Christentum und Hinwendung zur heidnischen Religion, weil er die Privilegien, die er genoss, nicht aufs Spiel setzen wollte.

Aber der Moment war gekommen, da er sein Leben als Gelehrter nicht länger fortsetzen konnte. Constantius benötigte ihn, um eine kaiserliche Armee zu führen und mit Feinden an der Nordgrenze fertig zu werden, da der Kaiser selbst in Persien kämpfte. Also machte er Julian zu seinem Cäsar (Unterkaiser), gab ihm 360 Männer (die, nach Julians Worten, „nur beten konnten"[xxxiii]) und schickte ihn nach Gallien.

Julian hatte keinerlei militärische Erfahrung. In den Augen der anderen war er nur ein schüchterner Gelehrter. Aber in den fünf Jahren, die er in Gallien verbrachte, erzielte er unerhörte Ergebnisse. Julian verwandelte die örtliche Armee in eine schlagkräftige Truppe. Dann vertrieb er die Barbaren und ließ tausende von Kriegsgefangenen frei. Nachdem er den Frieden in der Provinz wiederhergestellt hatte, verfolgte und vernichtete er die germanischen

Stämme auf ihrem eigenen Territorium, nahm deren König gefangen und schickte ihn in Ketten nach Konstantinopel.

Constantius war wie versteinert. Sein junger Cousin war mächtig und die Menschen bewunderten ihn. Um ihn zu entmutigen, verlangte der Kaiser, dass Julian ihm als Hilfe gegen die Perser Geld und Männer aus Gallien sandte.

Julians Männer wollten ihre Heimat nicht verlassen, um zu Constantius' Armee im Osten zu stoßen, also versammelten sie sich eines Nachts vor Julians Palast, huldigten ihm als Kaiser und baten ihn, sie gegen Constantius zu führen. Julian fühlte, dass Zeus auf seiner Seite war, und sagte freudig zu. Er musste nicht länger vorgeben, Christ zu sein und sandte Anweisungen an alle römischen Städte, die römische Religion wieder einzuführen.

Julian musste nicht mehr gegen Constantius kämpfen, da dieser mittlerweile einer Krankheit erlegen war. Als dessen einziger Erbe erschien Julian als neuer Kaiser einfach in Konstantinopel, wo ihm die Massen und der Senat aus ganzem Herzen zujubelten.

Die Restauration der griechisch-römischen Kultur: Julians vergebliche Träume

Julian war nicht völlig zufrieden mit seinem neuen Status. Die Macht des Reichs hatte über die Jahre beträchtlich abgenommen. Er sah überall Degeneration, Gier, moralischen Verfall und einen Mangel an Disziplin. Der Kaiser hatte eine klare Vorstellung von den Gründen für einen solchen Niedergang: All das passierte wegen des Christentums. Der neue Glaube glorifizierte feminine Attribute wie Güte und Vergebung auf Kosten des traditionellen römischen Sinnes für Pflicht und Ehre.

Julian wusste, dass Verfolgung nicht zum gewünschten Ergebnis führen würde. Also entschied er sich, Konstantins Strategie anzuwenden, aber für das Gegenteil: die Wiederherstellung der alten Gebräuche und Religion, die jetzt als heidnisch galten. Julian veröffentlichte ein Toleranzedikt, das einen kleinen Satz enthielt, der aussagte, dass das römische Heidentum die überlegene Religion sei. Die Tempel im gesamten Reich waren wieder geöffnet und alles vorbereitet, aber die Bevölkerung hatte schon Christus als ihren wahren Gott anerkannt und war nicht willens, die neue Hoffnung aufzugeben. Egal wie sehr sich der Kaiser auch bemühte, den Lauf der Geschichte umzukehren, nichts schien zu wirken. Dann erinnerte er sich daran, wie es Konstantin gelungen war, das Christentum über Nacht zur führenden Religion zu machen: Er hatte an der Milvischen Brücke gekämpft, gesiegt und erklärt, dass Christus ihn geleitet habe. Der nächste Schritt war klar: Julian musste siegreich aus einer entscheidenden Schlacht hervorgehen und die Menschen mussten darüber in Kenntnis gesetzt werden, dass Mars und Jupiter (oder die griechischen Ares und Zeus) den Kaiser geleitet hatten.

Julian der Apostat.[xxxiv]

Julian bereitete sich auf die traditionelle griechisch-römische Art auf den Schlüsselsieg vor, indem er das Orakel von Delphi um eine Prophezeiung bat. Aber die Worte des Orakels waren enttäuschend: „Teile dem Kaiser mit, dass mein Haus eingestürzt ist. Phoibos hat weder sein Haus noch seine mantische Bucht, noch seine prophetische Quelle: das Wasser ist ausgetrocknet."[xxxv]

Der Kaiser unternahm weitere Versuche, um zu beweisen, dass die alten Götter real und auf seiner Seite waren, während der christliche

Gott ein Schwindler ist. Gemäß der biblischen Prophezeiung könne der Tempel in Jerusalem bis zum Ende der Zeit nicht wiedererrichtet werden. Also entschied Julian, den Tempel wiederaufzubauen und das Christentum als Lüge zu entlarven. Aber es gelang ihm nicht, sein Vorhaben durchzuführen. Er unternahm zwei Versuche und beide endeten in einer Katastrophe. Zuerst war es ein Erdbeben und das zweite Mal ein Feuer, das die gesamte Konstruktion dem Erdboden gleich machte.

Die vergeblichen Versuche hatten Julian zunehmend unbeliebt gemacht, v.a. weil er finanzielle Mittel benötigte, um sie auszuführen, und er das Gold einer christlichen Kathedrale nutzte, um seine Armee zu finanzieren.

Schließlich marschierte er 363 n. Chr. mit seiner beeindruckenden Armee nach Persien. Sie fiel ohne Probleme in Persien ein, aber es gelang ihr nicht, die hohen Mauern der persischen Hauptstadt Ktesiphon zu überwinden und die Stadt einzunehmen. Eine lange Belagerung kam nicht in Frage, da die Römer die Hitze nicht ertragen konnten. Darüber hinaus war eine große persische Armee auf dem Weg, um die Hauptstadt zu verteidigen. Enttäuscht entschied Julian, die Belagerung zu beenden. Nur wenige Monate später attackierten die Perser die Ostgrenze und Julian wurde tödlich verwundet. Er starb als der letzte heidnische römische Kaiser und als letzter Kaiser der konstantinischen Dynastie.

Kapitel 13 – Niedergang und Fall des Weströmischen Reichs

Die Welt veränderte sich rasant und Rom sollte schon bald in die Hände germanischer Stammesführer fallen. Germanische Stämme hatten schon lange versucht, römisches Gebiet einzunehmen, aber die Versuche waren erfolglos geblieben. Dieses Mal war es anders, sie kamen in Frieden als Siedler, die Zuflucht vor einer neuen angsteinflößenden Macht suchten: den Hunnen. Nichtsdestotrotz waren die Neuankömmlinge nicht darauf erpicht, die römische Kultur anzunehmen und sich anzupassen. Als Konsequenz veränderte sich die römische Gesellschaft für immer, und zwar in einer Weise, die für die Römer nicht förderlich war. Dazu kam, dass das Reich durch einen inkompetenten Kaiser nach dem anderen regiert wurde.[xxxvi]

Valentinian, Valens und Gratian

Der Kaiser, der Julian nachfolgte, starb einen wenig heldenhaften Tod: eine Feuerschale brannte nachts in seinem Zelt und er erstickte. Seine Söhne, Valentinian und Valens, teilten das Reich erneut. Valentinian übernahm den Westen und Valens wurde Herrscher des römischen Ostens. Nach elf Jahren starb Valentinian und sein Sohn

Gratian folgte ihm auf den Thron, aber er war zu unerfahren und stand unter dem Einfluss seines Onkels Valens.

Valens kam zu einem scheinbar vorteilhaften Arrangement mit den zweihunderttausend westgotischen und ostgotischen Zuwanderern, die auf römischem Gebiet bleiben wollten. Die Siedler sollten Land in Thrakien erhalten und die Männer römische Soldaten werden. Aber es kam zu keinem guten Ende. Die Feindseligkeit zwischen den Eingesessenen und den Neuankömmlingen nahm zu. Im Jahr 278 waren Valens und Gratian gezwungen, die Goten nahe Adrianopel anzugreifen. Es fehlte jedoch an einem ausgereiften Schlachtplan und echtem Zusammenwirken, so dass sich die Schlacht als Katastrophe erwies. Durch den langen Marsch und die Hitze waren die Römer erschöpft und die Goten schlachteten zwei Drittel von ihnen problemlos ab. Jetzt konnte jeder Barbarenstamm auf römisches Territorium vordringen und tun und lassen, was er wollte. Die Goten breiteten sich nach Osten aus und bedrohten Konstantinopel. Es schien, als gäbe es keinen Ausweg.

Theodosius

Valens starb in einem Gefecht, aber der Osten war nicht lange ohne Kaiser. Der Kaiser des Westreichs, Gratian, wählte seinen besten General, Theodosius, aus und ernannte ihn zum Kaiser der Osthälfte des Reichs. Theodosius stand vor einer wahrhaft schwierigen Aufgabe, nämlich genügend junge Männer zu finden, die die zehntausende von erfahrenen Soldaten ersetzen sollten, die bei der katastrophalen Niederlage von Adrianopel gefallen waren. Jetzt musste jeder—auch die Barbaren—in der Armee dienen. Das Arrangement, das Theodosius traf, war ähnlich dem, das Valens getroffen hatte, aber Theodosius achtete mehr auf die Details. Es funktionierte für eine Weile ganz gut, obwohl es schädliche Konsequenzen nach sich zog, die erst ein paar Jahrzehnte später offensichtlich wurden und zum Zusammenbruch des Weströmischen Reichs führten.

Die Einzigartigkeit des Christentums

Im Jahr 382 wurde Theodosius krank und glaubte, dass er dem Tod nahe sei. Wie Konstantin vor ihm, wollte der Herrscher des Oströmischen Reichs getauft werden, bevor er starb. Nach der Zeremonie erholte er sich jedoch auf wundersame Weise. Diese Erfahrung veranlasste ihn, die Art und Weise, wie er das Reich regierte, zu ändern. Unschuldige zu töten war nun unmöglich und er konnte die Streitigkeiten innerhalb der Kirche nicht länger ignorieren.

Theodosius verbannte sowohl die arianische Häresie als auch das Heidentum innerhalb des Reichs. Angestachelt durch seinen Mentor, Bischof Ambrosius von Mailand, schloss er die öffentlichen Tempel, gab den Titel *Pontifex Maximus* (der oberste Priester der traditionellen römischen Religion) auf und untersagte alle heidnischen Handlungen. Die Olympischen Spiele, das Orakel von Delphi, der Tempel der Vesta und das ewige Feuer waren von nun an Geschichte. Im Jahr 391 n. Chr. schließlich verkündete Theodosius das Christentum als die einzige Religion im Reich.

Die Plünderung Roms

Theodosius' Nachkommen mangelte es an Stärke, um den „barbarischen" Kräften im Reich zu begegnen, so dass diese Stämme ihren Einfluss vergrößerten. Generäle, die oft genug aus Barbarenvölkern stammten, verfügten über größeren Einfluss als die Kaiser. Das war besonders im westlichen Teil des Reichs augenfällig, wo Kaiser Honorius im Schatten des Generals Stilicho stand. Stilicho war ein herausragender Kommandant, aber ironischerweise wurde er weder von der Elite in Rom noch von der in Konstantinopel unterstützt. Bei einer Gelegenheit versuchte er, den König der Visigothen, Alarich, zu bestechen, weil ihm bewusst war, dass ein Kampf schädlich wäre. Stilichos Feinde überzeugten daraufhin Kaiser Honorius, dass er an Rom Verrat geübt habe, und Honorus ließ ihn ermorden. Italien war praktisch verteidigungslos, so dass Alarichs

Armee im Jahr 401 einfach in Italien einfiel und Rom plünderte. Honorius entkam nach Ravenna und überließ es den Bürgern, sich selbst zu verteidigen.

Die furchterregenden Hunnen

Schockiert durch die Plünderung Roms ließ der neue Kaiser des Ostens, Theodosius II., Konstantinopel mit massiven Mauern umgeben. Alarich hatte keine Chance, das Neue Rom zu erobern, aber anderen gelang es, darunter der mächtige Attila und seine bedrohliche Armee. Konstantinopel blieb verschont, aber Rom war ihm schutzlos ausgeliefert. Zunächst akzeptierte Attila Lösegeld, damit er die Römer in Ruhe ließ. Ein paar Monate später wurde Honoria, Honorius' Schwester, in eine Ehe mit einem unliebsamen Senator gedrängt. Um der Heirat zu entgehen, schickte sie in ihrer Verzweiflung einen Ring und einen Brief an Attila. Der mächtige Hunne kehrte daraufhin zurück und nahm sich, was ihm gehörte. Überraschenderweise zerstörten die Hunnen die Stadt nicht. Papst Leo—der einzige Verantwortliche, der zu dieser Zeit noch in Rom war—überzeugte ihn, sofort die Stadt zu verlassen. Am nächsten Morgen fanden Attilas Männer ihren Anführer tot in seinem Zelt.

Widerstand gegen Einfluss der Barbaren

Nach Attilas Tod stellten die Hunnen keine Bedrohung mehr für das Römische Reich dar. Der wahre Feind jedoch war noch da und verfügte über immense Macht. Die Barbaren waren nicht nur in die Gesellschaft integriert, sie standen dem Thron so nahe, dass sie die Kaiser wirkungsvoll kontrollierten. Als Kaiser Valentinian III. versuchte, dem ein Ende zu setzen und die hochrangigen Barbaren loszuwerden, wurde er ebenfalls ermordet. Die Witwe des Kaisers rief die Vandalen herbei, um den Römern beizustehen. Sie kamen, plünderten Rom und entführten die unkluge Kaiserin nach Karthago.

In Konstantinopel versuchte Kaiser Leo dem sarmatischen General Aspar, der diesen Teil des Reichs beherrschte, Widerstand zu leisten und dabei zu vermeiden, wie sein Kollege im Westen zu enden. Leo gelang es, Aspar die militärische Kontrolle zu entziehen und einem anderen General zu übergeben, Tarasicodissa dem Isaurier. Sie beschuldigten Aspar des Verrats und Tarasicodissa, dessen hellenisierter Name jetzt Zenon lautete, wurde mit Leos Tochter verheiratet.

Leo war ein ehrgeiziger Herrscher und wollte das Königreich der Vandalen in Nordafrika unterwerfen. Er rüstete die Armee aus, machte aber einen kolossalen Fehler in der Wahl seines Heerführers. Er entschied sich für seinen Schwiegersohn Basilicus, der sich schon bald als einer der unfähigsten Generäle der Geschichte erwies. Er landete zu weit von Karthago entfernt, demolierte versehentlich die Flotte, geriet in Panik, floh und ließ die verheerte Armee zurück. Interessanterweise hielt sich Basilicus für fähig genug, das Reich zu regieren. Leo bestimmte Zenon zu seinem Erben. Basilicus verursachte ihm einigen Ärger, indem er ihn stürzte, aber das Volk stand auf Zenons Seite und der bessere Mann eroberte schließlich den Thron.

Der Westen fällt, der Osten besteht weiter

Zenon arbeitete fleißig daran, die Stabilität im Oströmischen Reich wiederherzustellen, aber der Westen war seinem Schicksal ausgeliefert. Im Jahr 476 n. Chr. hatte der Barbarengeneral Odoaker genug von all den Möchtegernkaisern und schickte den minderjährigen Kaiser Romulus Augustulus ins Exil. Der Barbarenfürst war nicht daran interessiert, den Titel des römischen Kaisers zu tragen und sandte die Krone und das Zepter als Zeichen seines guten Willens an Zenon.

Der Kaiser Ostroms war nicht erfreut, Odoaker zu unterstützen, aber er konnte es sich in seiner Lage nicht leisten, gegen ihn zu kämpfen. Schließlich hatte er eine brillante Idee, die zwei Probleme auf einmal löste. Der König der Ostgoten, Theoderich, sorgte für Unfrieden auf dem Balkan, aber Zenon war nicht in der Lage, ihn zu bekämpfen. Also verlieh er ihm die Autorität, über das Weströmische Reich zu herrschen. Die Goten zogen gemeinsam nach Italien und stürzten Odoaker. Rom war jetzt nicht mehr römisch. Auf der anderen Seite befreite sich Ostrom dadurch von der Einflussnahme durch Barbarenstämme. Zenon gelang es, die Stabilität wiederherzustellen, aber er lebte nicht mehr lange genug, um Zeuge der strahlenden neuen Ära zu werden, die dank ihm begonnen hatte.

Kapitel 14 – Das byzantinische Jahrtausend

Konstantinopel wurde während des chaotischen dritten Jahrhunderts gegründet, als Revolten und Bürgerkriege an der Tagesordnung waren und die römischen Kaiser kaum ein Jahr lang regierten. Unter Konstantin war die neue Stadt zur Hauptstadt des gesamten Römischen Reichs geworden. Jetzt, da das Weströmische Reich aufgehört hatte zu existieren, bestand nur noch das Oströmische Reich. Heute ist es vornehmlich als das Byzantinische Reich bekannt. Als die berichteten Ereignisse stattfanden, lautete die offizielle Bezeichnung hingegen Oströmisches Reich. Die Bürger seiner Hauptstadt und seine Kaiser sahen sich selbst als Römer. Jedermann sonst, einschließlich ihrer Feinde, erachtete sie ebenfalls als Römer. Als Konstantinopel den Osmanen in die Hände fiel, nahm Sultan Mehmed II. den Titel „Kaiser von Rom" an. Das geschah jedoch erst im fünfzehnten Jahrhundert, einer Periode, die man wirklich nicht mehr der Antike zuordnen kann. Wir sprechen sie nur wegen ihrer Kontinuität mit der antiken römischen Welt an. Jetzt geht unsere Erzählung mit dem ruhmreichsten byzantinischen Herrscher und seiner umstrittenen Gattin weiter.

Justinian und Theodora

Justinian verfügte, schon Jahre bevor er Kaiser wurde, über erhebliche Macht. Als Peter Sabbatius geboren hatte der junge Mann seinen Namen aus Dankbarkeit gegenüber seinem Onkel Justinus, dem damaligen Kaiser, in Justinian geändert. Justinus hatte nicht nur seinen Neffen adoptiert und ihm zu einer erstklassigen Erziehung verholfen, er hörte auch auf seinen Rat und ließ ihn strategisch wichtige Entscheidungen treffen. Der ältliche Kaiser gab Justinian sogar seine Zustimmung, als dieser sich entschied, „eine Dame der Bühne" namens Theodora zu heiraten.

Justinian stand den Nachbarvölkern im Kampf gegen ihre Unterdrücker bei. Repräsentanten aus zahlreichen Staaten versammelten sich in Konstantinopel und die Stadt wurde quasi zum Zentrum der Welt. Die Vasallenkönige, die gezwungen waren, dem König von Persien zu dienen, wechselten freudig die Seiten, gestärkt durch die Unterstützung des Reichs und Justinians. Überdies eroberten Justinians Truppen unter der Führung seines Leibwächters Belisar Armenien von den Persern. Das war aber erst der Anfang für den visionären Kaiser.

Die Krönung von Justinian und Theodora in der Hagia Sophia war spektakulär und läutete ein glanzvolles Zeitalter ein. Seine Herrschaft wird heute aufgrund seiner militärischen Erfolge und großartigen Bauprojekte als das Goldene Zeitalter der byzantinischen Geschichte betrachtet. Zudem ließ er den ersten Kodex römischen Rechts niederschreiben. Unglücklicherweise waren die Menschen nicht übermäßig glücklich, weil er auch Steuern erhob. Aus diesem Grund wurde er im Nika-Aufstand fast getötet, als 30.000 Menschen sich im Hippodrom gegen ihn erhoben. Der Aufstand wurde niedergeschlagen und die Aufständischen von Belisars Armee abgeschlachtet. Niemand stellte Justinians Entscheidungen je wieder in Frage.

Ein Gott im Himmel, ein Kaiser auf Erden

Justinian war der Ansicht, dass das Römische Reich ohne die Stadt Rom nicht vollständig ist und es seine Pflicht sei, die himmlische Ordnung wiederherzustellen, Rom zu befreien und die Kirche wieder zu vereinigen. Glücklicherweise hatte der Kaiser den besten General der römischen Geschichte zu seiner Verfügung. Die von Belisar geführte Armee besiegte trotz erheblicher Unterzahl die Vandalen in Afrika und eroberte Karthago zurück. Danach nahm er mit nur 5.000 Soldaten Rom und ganz Italien ein. Er wäre möglicherweise in der Lage gewesen, Spanien und den Rest Westeuropas zurückzuerobern, hätte die Kaiserin nicht befürchtet, dass Belisar zu mächtig war, um Vertrauen zu genießen.

Die späteren Herrschaftsjahre brachten die Pest und Hungersnöte. Nachdem diese vorüber waren, gelang es Justinian, relativen Wohlstand und Frieden während seiner verbleibenden Jahre aufrechtzuerhalten. Nach Justinian sprach kein römischer Kaiser mehr Latein als Muttersprache und nur sehr wenige in der römischen Geschichte waren solche Visionäre.[xxxvii]

Im Verlauf seiner langen Geschichte hatte das Oströmische Reich seine Höhen und Tiefen. Eine der größten Herausforderungen war die aggressive Expansion der muslimischen Stämme, die von den fähigen byzantinischen Generälen in vielen Gefechten bekämpft wurden. Auch in großen Krisenzeiten war Konstantinopel gut geschützt und unzugänglich für seine Feinde. Die offizielle Sprache war griechisch und die vorherrschende Religion war das östliche orthodoxe Christentum. Obwohl es sich um eine religiöse Gesellschaft handelte, war das Bildungswesen überraschend säkular. Das kulturelle Leben blühte und die Eliten der umgebenden Völker wurden in der Universität von Konstantinopel ausgebildet, wo sie in Mathematik, Rhetorik, Sprachen und Jura unterrichtet wurden. Das dunkle Mittelalter drang nicht nach Byzanz vor. Konstantinopel war ein Leuchtturm der Zivilisation im mittelalterlichen Europa und darüber hinaus.[xxxviii] Überdies schützte das Oströmische Reich den Rest Europas vor den schnell expandierenden islamischen Kräften.[xxxix]

Die Kreuzzüge

Die Vorherrschaft von Byzanz dauerte mehr als ein Jahrtausend, bevor sie schließlich zu Ende ging. Ironischerweise nahm Konstantinopel nicht zuerst durch muslimische Hände Schaden. Die Stadt, die nie zuvor erobert worden war, wurde schließlich von Christen während des vierten Kreuzzuges geplündert und niedergebrannt.

Die Probleme begannen im elften Jahrhundert während des Vormarsches der seldschukischen Türken. Die byzantinische Elite war zu jener Zeit so korrupt, dass sie den Kaiser, Romanus Diogenes, in einem entscheidenden Moment während einer Schlacht gegen die Seldschuken verrieten, weil sie keinen starken Kaiser wollten, der ihre Privilegien beschnitt. Wie Jahrhunderte zuvor in der Antike wurde das Reich zu dieser Zeit von Bürgerkriegen geplagt. Im Jahr 1081 wurde schließlich ein Mann mit Potenzial gekrönt. Es handelte sich um den General Alexios Komnenos.

Zu dieser Zeit waren die orthodoxe und die katholische Kirche getrennt und standen nicht auf gutem Fuß miteinander. Nichtsdestotrotz schrieb Alexios an Papst Urban und bat um Unterstützung im Kampf gegen die Sarazenen. So begannen die Kreuzzüge.

Die ersten Kreuzfahrer, die eintrafen, waren ein undisziplinierter Haufen unter der Führung von Peter dem Eremiten. Auf dem Weg nach Konstantinopel setzten sie zahlreiche Städte in Brand und ermordeten eine Reihe von Griechen in Kleinasien. Schließlich wurden sie von den Türken vernichtet. Die nächsten Kreuzzüge verliefen erfolgreicher. Die Kreuzfahrerheere gewannen mehrere Schlachten gegen die Türken und eroberten Jerusalem. Die Kreuzfahrer stellten allerdings eine größere Gefahr für das strahlende Konstantinopel dar als für die Muslime. Der vierte Kreuzzug erreichte sein heiliges Ziel nie. Die Ritter und Bauern fielen in Konstantinopel ein. Der Herzog von Venedig, der einige ungelöste Probleme mit der byzantinischen Elite hatte, ließ die Kreuzfahrer wissen, dass die Griechen Häretiker sind. Als Konsequenz plünderten sie die Stadt und nahmen alle Schätze, derer sie habhaft werden konnten, darunter Reliquien aus Gräbern und Ornamente von Kirchen. Am Schluss brannten sie die Stadt nieder.

Nachdem sie von Papst Innozenz verurteilt worden waren, entschieden sich die Kreuzfahrer zu bleiben und in Konstantinopel das Lateinische Kaiserreich zu gründen. Die echte byzantiner Elite und der neue Kaiser residierten in Nikäa und schwächten die Lateiner mit verschiedenen diplomatischen Aktivitäten und eines Tages versammelte der Kaiser, Michael Palaiologos, eine Armee, eroberte Konstantinopel, versetzte die Lateiner in Panik und vertrieb sie.

Die Osmanen

Eine Gruppe türkischer Krieger unter der Führung eines Mannes namens Osman eroberte alle anderen Städte im Reich und richtete ihr Augenmerk jetzt auf Konstantinopel. Die Verteidigungsanlagen der Stadt konnten zwar Zeit erkaufen, aber sie waren nicht mehr unüberwindlich. Der Kaiser, Manuel II., bat um Hilfe aus dem Westen, aber niemand kam. Die Spannungen dauerten mehrere Jahrzehnte, während derer die Osmanen einige Niederlagen hinnehmen mussten und die Byzantiner für eine Weile in Ruhe ließen.

1453 schließlich eröffnete der türkische Sultan Mehmed II. der Eroberer, ausgerüstet mit modernen Kanonen, das Feuer auf die Stadtmauern. Die Offensive dauerte 48 Tage. Die türkische Armee—verstärkt durch die Elitetruppen der Janitscharen—eroberte die Stadt schließlich von der Seeseite aus. Viele Bürger Konstantinopels versammelten sich in der Hagia Sophia und warteten auf einen Engel, um sie zu retten. Sie wurden alle getötet. Das war das Ende der römischen Geschichte.

Die Hagia Sophia (heute eine Moschee), Istanbul, Türkei.[xi]

Zeittafel der römischen Geschichte

Antike Geschichte: Die römische Republik

753 v. Chr. Gründung Roms
509 v. Chr. Sturz der römischen Monarchie
494 v. Chr. Erster Auszug der Plebejer
445 v. Chr. Legalisierung der Heirat zwischen Patriziern und Plebejern
396 v. Chr. Römische Soldaten erhalten zum ersten Mal einen Sold.
366 v. Chr. Erster plebejischer Konsul im Amt
351 v. Chr. Erster plebejischer Diktator und Zensor gewählt
343-341 v. Chr. Erster Samnitischer Krieg
340-338 v. Chr. Latinischer Krieg (Bürgerkrieg)
337 v. Chr. Erster plebejischer Prätor gewählt
328 -304 v. Chr. Zweiter Samnitischer Krieg
287 v. Chr. Lösung des Ständekonflikts
280-272 v. Chr. Pyrrhischer Krieg
264-241 v. Chr. Erster Punischer Krieg
241 v. Chr. Sizilien wird als Provinz Sicila geordnet
218 v. Chr. Beginn des Zweiten Punischen Krieges: Eine kathargische Armee verlässt Cartagena.
216 v. Chr. Schlacht von Cannae
214 - 205 v. Chr. Erster Mazedonischer Krieg

201 v. Chr. Ende des Zweiten Punischen Krieges
200–192 v. Chr. Zweiter Mazedonischer Krieg
188 v. Chr. Römisch-Seleukidischer Krieg
149–146 v. Chr. Dritter Punischer Krieg
133 v. Chr. Mord an dem plebejischen Tribunen Tiberius Gracchus
112 v. Chr. Jugurthinischer Krieg
107 v. Chr. Gaius Marius wird zum Konsul gewählt.
91–88 v. Chr. Bürgerkrieg
88 v. Chr. Sullas erster Bürgerkrieg
83–82 v. Chr. Sullas zweiter Bürgerkrieg
63 v. Chr. Pompeius erobert Jerusalem, Cicero wird zum Konsul gewählt, Verschwörung des Catilina
59 v. Chr. Erstes Triumvirat des Pompeius, Crassus und Cäsar
58 –50 v. Chr. Gallischer Krieg: Römische Truppen verhindern den Zug der Helvetier über die Rhone.
49 v. Chr. Cäsar überschreitet unrechtmäßigerweise den Rubikon.
44 v. Chr. Ermordung von Julius Cäsar
43 v. Chr. Zweites Triumvirat des Augustus, Antonius und Marcus Aemilius Lepidus
42 v. Chr. Bürgerkrieg der Befreier: Augustus und Antonius führen etwa dreißig Legionen ins nördliche Griechenland, um Cäsars Mörder zu verfolgen.
33 v. Chr. Das zweite Triumvirat endet.
31 v. Chr. Schlacht von Actium
30 v. Chr. Letzter Krieg der römischen Republik: Antonius' Truppen laufen zu Augustus über. Antonius und Kleopatra begehen Selbstmord.

Das frühe Reich

27 v. Chr. Der Senat gewährt Augustus zunächst die Titel Augustus, der Majestätische und Princeps.
21 v. Chr. Augustus verheiratet seine Tochter Julia mit seinem General Marcus Vipsanius Agrippa.

12 v. Chr. Agrippa stirbt an Fieber.

11 v. Chr. Augustus verheiratet Julia mit Tiberius.

9 v. Chr. Nero Claudius Drusus stirbt an Verletzungen infolge eines Sturzes vom Pferd.

6 v. Chr. Augustus bietet Tiberius tribunizische Gewalt und die Macht über die Osthälfte des Reichs an. Tiberius lehnt ab und kündigt seinen Rückzug nach Rhodos an.

2 v. Chr. Augustus wird vom Senat zum „Pater Patriae" (Vater des Vaterlandes) ernannt, Augustus verurteilt Julia wegen Ehebruchs und Verrats und verbannt sie mit ihrer Mutter Scribonia ins Exil nach Ventotene.

4 n. Chr. Augustus adoptiert Tiberius und verleiht ihm tribunizische Rechte.

13 n. Chr. Tiberius erhält als Co-Princeps die gleiche Machtbefugnis wie Augustus.

14 n. Chr. Augustus stirbt.

16 n. Chr. Schlacht an der Weser: Eine römische Armee unter der Führung von Germanicus schlägt die germanischen Stämme entscheidend an der Weser.

18 n. Chr. Tiberius gewährt Germanicus die Herrschaft über die Osthälfte des Reichs.

19 n. Chr. Germanicus stirbt in Antiochia, möglicherweise wird er auf Befehl von Tiberius vergiftet.

37 n. Chr. Tiberius stirbt und hinterlässt in seinem Testament seine Ämter gemeinsam Caligula und Tiberius Gemellus, dem Sohn Drusus Julius Cäsars.

41 n. Chr. Caligula wird vom Zenturio Chaerea ermordet. Die Prätorianergarde ruft Nero Claudius Drusus' Sohn Claudius zum Princeps aus.

43 n. Chr. Die Römer erobern Britannien.

49 n. Chr. Claudius heiratet Agrippina die Jüngere.

50 n. Chr. Claudius adoptiert Agrippinas Sohn Nero.

54 n. Chr. Claudius stirbt, nachdem er von Agrippina vergiftet wurde, und Nero folgt ihm als Princeps nach.

64 n. Chr. Der große Brand Roms

66 n. Chr. Erster jüdisch-römischer Krieg: Die jüdische Bevölkerung Judäas revoltiert gegen die römische Herrschaft.

68 n. Chr. Der Senat erklärt Nero zum Staatsfeind und befiehlt Epaphroditos, seinem Sekretär, ihn zu töten. Der Senat akzeptiert Galba, den Statthalter der Provinz Hispania Tarraconensis, als Herrscher Roms.

69 n. Chr. Die Prätorianergarde ermordet Galba und ruft Otho zum Herrscher Roms aus. Vitellius besiegt Otho. Der Senat erkennt Vespasian als Herrscher Roms an.

70 n. Chr. Belagerung von Jerusalem: Der römische General Titus durchbricht die Mauern von Jerusalem, plündert die Stadt und zerstört den Zweiten Tempel.

71 n. Chr. Römische Eroberung Britanniens: Römische Truppen fallen im heutigen Schottland ein.

79 n. Chr. Vespasian stirbt, sein Nachfolger wird sein Sohn Titus.

80 n. Chr. Rom wird in Teilen durch Feuer zerstört. Das Kolosseum wird fertiggestellt.

81 n. Chr. Titus stirbt an Fieber und sein jüngerer Bruder Domitian folgt ihm auf den Thron.

96 n. Chr. Domitian wird von Mitgliedern des kaiserlichen Haushalts ermordet. Der Senat erklärt Nerva zum Herrscher Roms.

97 n. Chr. Nerva adoptiert den General und ehemaligen Konsul Trajan als Sohn.

98 n. Chr. Nerva stirbt und Trajan wird sein Nachfolger.

117 n. Chr. Trajan stirbt und der Senat akzeptiert den General Hadrian als Herrscher Roms.

132–135 n. Chr. Bar-Kochba-Aufstand in Judäa

138 n. Chr. Hadrian adoptiert Antoninus Pius als Sohn und Nachfolger. Hadrian stirbt—wahrscheinlich an Herzversagen—und Antoninus folgt auf den Thron.

161 n. Chr. Antoninus stirbt. Marcus Aurelius and Lucius Verus werden seine Nachfolger.

165–180 n. Chr. Antoninische Pest

169 n. Chr. Lucius Verus stirbt an der Krankheit und Marcus Aurelius wird alleiniger Herrscher Roms.
177 n. Chr. Marcus Aurelius ernennt seinen unehelichen Sohn Commodus zum Mitregenten.
180 n. Chr. Marcus Aurelius stirbt.
192 n. Chr. Commodus wird erwürgt.

Das späte Reich

284 Römische Truppen im Osten erklären den Konsul Diokletian zu ihrem Herrscher und proklamieren ihn zum Kaiser.
285 Diokletian verleiht Maximian den Titel Cäsar.
286 Diokletian erklärt Maximian zum Kaiser (Augustus) des Westens, während er sich selbst zum Kaiser (Augustus) des Ostens erklärt.
293 Diokletian errichtet die Tetrarchie und ernennt Constantius Chlorus zum Cäsar unter Maximian im Westen und Galerius zum Cäsar unter ihm selbst im Osten.
301 Diokletian erlässt das Höchstpreisedikt, reformiert die Währung und setzt Höchstpreise für eine Reihe von Waren fest.
303 Verfolgungen unter Diokletian
305 Diokletian und Maximian danken ab. Constantius und Galerius steigen zu Augusti im Westen resp. im Osten auf. Galerius ernennt Flavius Valerius Severus zum Cäsar im Westen und Maximinus II. zum Cäsar im Osten.
306 Constantius stirbt in Eboracum. Seine Truppen rufen seinen Sohn Konstantin den Großen zum Augustus aus.
306–312 Bürgerkriege während der Tetrarchie
312 Schlacht an der Milvischen Brücke
313 Konstantin der Große und Licinus erlassen das Edikt von Mailand, das Entschädigungen für Christen vorsieht, die während der Verfolgungen zu Schaden gekommen sind.
324 Schlacht von Adrianopel
325 Erstes Konzil von Nikäa

326 Konstantin der Große befiehlt den Tod seines ältesten Sohnes Crispus.

330 Konstantin der Große verlegt seine Hauptstadt nach Byzanz und benennt die Stadt in Konstantinopel, die Stadt Konstantins, um.

337 Konstantin der Große stirbt, seine Söhne werden seine Nachfolger.

355 Constantius II. erklärt Julian (Kaiser) zum Cäsar und gibt ihm das Kommando in Gallien.

357 Schlacht von Straßburg: Julian besiegt eine hochüberlegene alemannische Streitmacht bei Argentoratum und stabilisiert die römische Kontrolle westlich des Rheins.

360 Die widerstrebenden Truppen, die von Paris nach Osten zur Vorbereitung des Krieges gegen das sassanidische Reich beordert werden, meutern, statt dem Befehl Folge zu leisten und rufen Julian zum Augustus aus.

361 Constantius II. stirbt an Fieber, Julian wird sein Nachfolger auf dem Thron.

364 Die Armee ruft den General Valentinian den Großen zum Augustus aus. Valentinian der Große ernennt seinen jüngeren Bruder Valens zum Augustus für die Herrschaft über den östlichen Teil des Reichs, während er selbst die Herrschaft über den westlichen behält.

375 Valentinian der Große stirbt an einem Herzinfarkt. Sein Sohn Gratian, zu der Zeit Unterkaiser im Westen, folgt ihm als Augustus auf den Thron.

378 Schlacht von Adrianopel: Eine gemeinsame Streitmacht von Goten und Alanen besiegt die Römer entscheidend bei Edirne. Valens wird getötet.

379 Gratian ernennt den General Theodosius. den Großen zum Augustus im Osten.

380 Theodosius der Große erlässt das Edikt von Thessaloniki, in dem das Christentum zur Staatsreligion im Römischen Reich erhoben wird.

395 Theodosius der Große stirbt. Sein älterer Sohn, Arcadius, folgt ihm als Augustus im östlichen Reich auf den Thron. Der

minderjährige Honorius wird unter der Regentschaft des Magister Militum, Stilicho, alleiniger Augustus im Weströmischen Reich.
398 Krieg gegen den Feldherrn Gildo: Gildo, Statthalter aus Afrika, wird nach einer gescheiterten Rebellion gegen das Weströmische Reich getötet.
402 Ravenna wird zur Hauptstadt des Weströmischen Reichs.
410 Die Westgoten unter ihrem König Alarich I. plündern Rom.
424 Der byzantinische Augustus, Theodosius II., ernennt seinen Vetter und Constantius' III. Sohn, den jungen Valentinian III., zum Cäsar im Weströmischen Reich. Seine Mutter, Galla Placidia, wird zur Regentin ernannt.
447 Schlacht am Utus: Die Hunnen unter Attila besiegen die oströmische Armee in einer blutigen Schlacht am Fluss Wit.
457 Der oströmische Augustus Leo der Thraker ernennt Majorian zum Oberbefehlshaber im Westen.
468 Schlacht von Kap Bon: Das Vandalenkönigreich zerstört eine vereinigte weströmische und byzantinische Flotte bei Kap Bon.
474 Leo der Thraker stirbt. Sein Enkel Leo II. folgt ihm auf den Thron. Zenon wird Mitkaiser des Byzantinischen Reichs mit seinem jungen Sohn Leo II.
475 Basiliscus, der Bruder der Witwe Leos des Thrakers, Verina, wird vom byzantinischen Senat zum Augustus des Byzantinischen Reichs ausgerufen.
476 Zenon erobert Konstantinopel zurück und akzeptiert Basilicus' Kapitulation. Germanische Bundesgenossen sagen sich von der weströmischen Herrschaft los, Odoaker erobert die weströmische Hauptstadt Ravenna, zwingt Romulus zur Abdankung und erklärt sich selbst zum König von Italien. Der Senat übersendet Zenon die kaiserlichen Regalien des Weströmischen Reichs.

Das Byzantinische Reich

527 Augustus Justinus I. ernennt seinen älteren Sohn, Justinian den Großen, zum Mitkaiser. Justinus stirbt.

529 Der Codex Justinianus, ein Versuch, das römische Recht zusammenzufassen und Widersprüche aufzulösen, wird verkündet.
532 Justinian der Große befiehlt den Bau der Hagia Sophia in Konstantinopel.
533-534 Vandalenkrieg: Eine byzantinische Armee unter General Belisar zieht ins Königreich der Vandalen.
535-554 Gotenkrieg: Byzantinische Truppen aus Afrika fallen in Sizilien und Rom ein.
537 Die Hagia Sophia wird fertiggestellt.
565 Belisar und Justinian der Große sterben.
602-628 Byzantinisch-Sassanidischer Krieg
634 Muslimische Eroberung der Levante
640 Muslimische Eroberung Ägyptens
641 Belagerung von Alexandria: Die byzantinische Obrigkeit in der ägyptischen Hauptstadt Alexandria kapituliert vor der Armee des Kalifen.
663 Basileus (König) Konstans II. besucht Rom.
698 Schlacht von Karthago: Eine Belagerung und Blockade Karthagos durch die Umayyaden erzwingt den Rückzug der byzantinischen Truppen. Die Stadt wird erobert und zerstört.
730 Basileus (König) Leo III., der Isaurier, verkündet ein Edikt, das die Verehrung von religiösen Bildern verbietet. Damit beginnt der erste byzantinische Bildersturm.
787 Zweites Konzil von Nikäa: Ein ökumenisches Konzil in Nikäa endet mit der Befürwortung der Verehrung von religiösen Bildern und beendet den ersten byzantinischen Bildersturm.
1002 Byzantinische Eroberung von Bulgarien
1054 Ost-West Schisma: Der päpstliche Legat, Humbert von Silva Candida, legt ein Dokument auf den Altar der Hagia Sophia, das die Exkommunikation von Michael I. Kerularios, dem Patriarchen von Konstantinopel, verkündet.
1071 Schlacht von Manzikert: Eine seldschukische Armee besiegt das Byzantinische Reich entscheidend bei Manzikert. König Romanos IV. Diogenes wird gefangen genommen.

1081 Nikephoros III. Botaneiates wird abgesetzt und als König durch Alexios I. Komnenos ersetzt.

1098 Der Anführer des ersten Kreuzzuges, Bohemund I., erklärt sich selbst zum Fürsten von Antiochia.

1204 Belagerung von Konstantinopel: Die Kreuzfahrer des vierten Kreuzzuges erobern und plündern Konstantinopel, setzen den Basileus (König), Alexios V. Doukas, ab und errichten das Lateinische Königreich. Ihr Anführer wird der Lateinische Kaiser Balduin I.

1261 Michael VIII. Palaiologos erobert Konstantinopel und wird gemeinsam mit seinem Sohn Andronikos II. Palaiologos, der noch ein Kleinkind ist, zum König gekrönt.

1326–1453 Byzantinisch-osmanische Kriege

1453 Fall Konstantinopels: Osmanische Truppen fallen in Konstantinopel ein. König Konstantin XI. Palaiologos wird getötet.

Fußnoten

[i] Der englische Titel des Buchs von Lars Brownsworth über das Byzantinische Reich lautet „Lost to the West".

[ii] Titus Livius (59 v. Chr.–17 n. Chr.), ein römischer Historiker (seine Geschichte Roms von der Gründung bis zu seiner eigener Zeit umfasste 142 Bücher, von denen 35 überlebten), weist auf die Verbindung zwischen dem Wort „Wolf" und einer umgangssprachlichen Bezeichnung für eine Prostituierte hin und nimmt an, dass sich eine Prostituierte der Zwillingsbrüder angenommen hat.

[iii] Siehe dazu: Beard, *SPQR, A History of Ancient Rome*.

[iv] Alter und Ursprung der Figuren sind umstritten. Die *Lupa* wurde lange Zeit für ein etruskisches Werk des 5. vorchristlichen Jahrhunderts gehalten, zu dem die Zwillinge im 15. nachchristlichen Jahrhundert hinzugefügt wurden, aber eine Datierung mittels Radiokarbonmethode und Thermoluminiszenz hat ergeben, dass sie möglicherweise im 13. Jahrhundert nach Christus angefertigt wurde.

[v] „So gehe jedermann zugrunde, der über meine Mauern springe!" rief Romulus, nachdem er seinen Bruder getötet hatte. (Livius)

[vi] David M. Gwynn, *The Roman Republic: A Very Short Introduction*, Oxford University Press, 2012.

[vii] Plutarch, Moralia, *On the fortune of the Romans*, http://www.gutenberg.org/ebooks/23639.

viii Beard.

ix Ibid.

x Gwynn.

xi Stephen P. Oakley, „The Early Republic", in *The Cambridge Companion to the Roman Republic*, hg. V. Harriet I. Flower, Cambridge University Press, 2006.

xii Diese Stadtmauern werden fälschlicherweise Servius Tullius zugeschrieben und sind noch heute unter dem Namen „Servianische Mauer" bekannt.

xiii Livius.

xiv Octavius' Familie stammte aus Thurii, daher die Ergänzung des Namens Thurinus.

xv Büste des Kaisers mit der Bürgerkrone, Palast Bevilacqua, Verona, Italien. Quelle: Wikimedia Commons.

xvi Publius (oder Gaius) Cornelius Tacitus, *Annales*.

xvii Gaius Suetonius Tranquillus, Die zwölf Kaiser: Das Leben des Tiberius.

xviii Gaius Suetonius Tranquillus, Die zwölf Kaiser: Das Leben des Nero und Cassius Dio, Römische Geschichte.

xix Tacitus, *Historien*.

xx Porträt von Nero. Marmor, römisches Kunstwerk, 1. Jhr. n. Chr. Aus der Region der Kaiserresidenzen auf dem Palatin. Antiquarium des Palatin. Quelle: Wikimedia Commons.

xxi Sueton, Cassius Dio, Plinius der Ältere.

xxii Ibid.

xxiii Brian W. Jones, *The Emperor Domitian*, 1993.

xxiv Machiavelli, *Discourses on Livy*.

xxv Michael Peachin, „Rome the Superpower: 96-235 CE", in: *A companion to the Roman Empire*, hg. V. David Potter, Blackwell Publishing Ltd, 2006.

xxvi Quelle: Wikimedia Commons.

xxvii Cassius Dio, *Römische Geschichte*.

xxviii Siehe Kapitel 5.

xxix Julian Bennett, *Trajan. Optimus Princeps*, Indiana University Press, 2001.

xxx Scriptores Historiae Augustae, Hadrian.

xxxi Ibid.

xxxii Cassius Dio.

xxxiii Julian, zitiert nach Brownworth.

xxxiv Abbildung mit freundlicher Genehmigung von Classical Numismatic Group/Wikimedia Commons.

xxxv Wie zitiert in https://en.wikipedia.org/wiki/List_of_oracular_statements_from_Delphi; fünf verschiedene Übersetzungsmöglichkeiten finden sich hier: http://laudatortemporisacti.blogspot.com/2012/12/the-last-oracle.html.

xxxvi Gibbon.

xxxvii Brownworth.

xxxviii Lars Brownworth, *Lost to the West: The Forgotten Byzantine Empire That Rescued Western Civilization*, Crown Publishing, 2009.

xxxix Brownworth; Edward Gibbon, *The History of the Decline and Fall of the Roman Empire*, Bd. V., Projekt Gutenberg: http://www.gutenberg.org/files/735/735-h/735-h.htm.

xl Abbildung mit freundlicher Genehmigung von Arild Vågen (Wikimedia Commons).

www.ingramcontent.com/pod-product-compliance
Lightning Source LLC
LaVergne TN
LVHW041648060526
838200LV00040B/1758